바벨, 신들의 귀환

Babel, the Return of the Gods

문화는 종교다

바벨, 신들의 귀환

— 신화에서 젠더까지 —

최윤숙 지음

좋은땅

왜, 다시 신화인가?
이 책은 젠더와 문화 전쟁의 뿌리를 추적한다.
수많은 영화와 콘텐츠를 접하며,
그 안에 담긴 반기독교적 정서,
젠더 이데올로기, 감정의 신격화 현상들이
결코 우연이 아니라는 것을 알게 되었다.
문화는 단순한 여가나 오락의 차원이 아니라 사람의 감정과
세계관 그리고 정체성을 형성해 온 종교적 실체이다.
이 책은 신화와 철학, 심리학의 관점을 바탕으로
"우리는 지금 무엇을 경배하고 있는가?"라는 질문을
독자에게 던진다.

지금 대한민국이 겪고 있는 혼란과 점점 깊어지는
양극화와 사회적 분열 역시 정치적 해법이 아닌
영적 회복으로부터 해결의 실마리를 찾아야 한다.
하나님을 경외하는 마음이 개인과 예배를 회복시킨다.
그것은 곧 민족의 부흥이며
나라가 굳건히 설 수 있는 길이다.
예배가 회복되지 않으면, 결코 이 나라의 혼란은 끝나지 않는다.

추천사

이이례 목사, 서울침례교회

교회는 움직여야 한다. 예배가 회복되어야 하고, 진리가 회복되어야 한다. 그런데 움직이는 이유가 무엇인지를 우리는 놓치고 살아왔다. 회복이라는 말을 쉽게 쓰지만, 무엇을 회복할 것인지가 중요한데, 이 책은 그것에 대해 아주 명확한 답을 준다.

《바벨, 신들의 귀환》은 단순히 '요즘 세상이 험해졌다.'고 탄식하는 책이 아니다. 눈앞의 현실과 문화가 어디서 왔는지. 그리고 교회와 성도가 왜 이 시대에서 방황하고 있는지를 집요하게 파고든다. 그것도 막연한 도덕론이 아니라, 하나님 중심 예배의 본질과 성격적 기준을 중심에 두고 있다. 더 나아가 미디어, 젠더 이데올로기, 심리학, 오컬트, 소비문화까지 오늘 우리가 숨 쉬는 문화의 공기 속에 신화의 누룩이 얼마나 깊숙이 스며들었는지를 드러낸다.

교회 안에 앉아 있지만 이미 바벨의 문화에 잠식된 오늘날, 이 책은 분별의 나침반이 되어줄 것이다. 진짜 회개 없는 예배는 없다는 사실을 《바벨, 신들의 귀환》을 통해 깊이 새기게 될 것이다.

무너진 제단을 다시 세우는 일이 무엇인지를 다시 배우게 될 것이다. 《바벨, 신들의 귀환》이 처음부터 끝까지 품고 있는 메시지는 결코 복잡하지 않다. 그래서 더 명확하다. 결국 하나님께 예배하고, 하나님만 바라보며, 하나님께만 영광을 돌리라는 것이다.

나는 이 책을 읽으면서 내 삶을 다시 돌아보게 되었다. 교회 안에서 바쁘게 '주님의 일'을 한답시고 정작 하나님을 놓치고 살지는 않았는가. 내가 중심에 서서, 내 감정이 충족되었는가만을 중요하게 여기며 예배당을 드나든 것은 아닌가.

이 책은 교회를 향해, 그리고 교회를 이루는 나를 향해 이렇게 묻는다. "하나님이 받으셨는가?"

추천사

장수혁 변호사, 시청자미디어 재단 이사

이 책은 혼란한 시대 속에서 우리가 놓치고 있는 예배의 본질을 날카롭게 짚어주고 있습니다.

저자는 미디어와 문화 속에 숨겨진 종교적, 신화적 메시지의 본질을 치밀하게 분석하며, 젠더 이데올로기, 현대 심리학, 오컬트적 요소들이 어떻게 우리의 신앙과 세계관, 정체성을 바꾸고 있는지 깊이 있게 파고듭니다.

또한 고대 신화와 철학의 뿌리에서 출발해, 예배의 본질이 자기중심적 감정 소비로 변질된 오늘의 현실, 그리고 젊은 세대에게까지 번지고 있는 문화적 혼합주의와 사회적 분열의 배경을 날카롭게 비판합니다.

따라서 이 책은 단순한 문화 비평이 아니라, 신화와 종교, 미디어 철학이 교회와 예배, 그리고 우리의 정체성에 미치는 구조적 영향을 밝혀주는 깊은 영적 통찰의 보고입니다.

그리고 하나임을 향한 진정한 예배가 무너졌을 때, 개인, 교회, 나아가 민족까지 위기에 처할 수 있음을 경고합니다.

현대 문화 속에서 신앙의 본질을 지키고자 하는 모든 그리스도인, 그리고 더 깊은 세계관적 해석을 구하는 모든 이들에게 이 책을 강력히 추천합니다.

추천사

구왕서 광흥교회, 계약신학연구원 조직신학교수

사람이 사는 곳에 문화가 생기고 발전하는 것은 자연스러운 현상이며 특정한 문화를 중심으로 공동체가 이루어져 갑니다. 그렇기에 하나의 공동체가 문화적 동질성을 지닌 사람들로 구성되는 것은 당연한 일이며, 특정한 공동체에 속하는 이상 개인의 의지 여부와 관계없이 그곳에 내재된 문화적 영향을 받게 되어 있습니다. 이러한 현상은 교회 안에서도 일어납니다. 교회 안에 어떤 문화가 유입되고 정착되는지에 따라 교회의 방향성이 결정되며, 그 안에 있는 신자의 생활 모습이 정해집니다.

문제는 우리가 살고 있는 지금의 문화가 분명 반기독교적으로 흘러가고 있다는 점입니다. 이는 예전에도 그랬지만 지금 더욱 심화되고 있고, 앞으로 더욱 더 강화될 것입니다. 이런 반기독교적인 문화의 배경에는 신화를 모토로 하는 여러 세계관이 있습니다. 성경인 것 같지만 교묘하게 성경이 아닌 것을 주입시키고, 신앙인 것 같지만 사실은 신앙을 대적하는 것을 은밀히 포함시켜서 듣고 보는 사람들로 하여금 의식적으로 또는 무의식적으로 기독교에 반감을 가지고 하나님께로부터 멀어지게 만듭니다. 성경이 아닌 신화에 기반을 둔 세계관이 마치 기독교 세계관인 것처럼 포장되어 교회 안에도 들어오는 것입니다.

세상은 점점 하나님을 멀리하며 신앙을 조롱합니다. 선한 것이 악한 것으로, 악한 것이 선한 것으로 뒤바뀌고 옳고 그름의 기준이 과거와 분명한 괴리를 보이는 이때에 악한 사탄은 모든 선의 시작과 끝을 하나님이 아닌 나로 바꾸고 있습니다. 하나님을 위한 예배가 아닌 나를 위한 예배, 하나님의 영광이 아닌 나의 영광, 하나님을 기쁘시게 하는 게 아닌 내가 즐겁고 잘되기 위한 신앙으로 변질되고 있습니다. 사탄은 이런 일에 문화를 사용하고 있습니다. 우리가 하루에도 수없이 접하는 대중문화를 도구로 사용하여 우리의 가치관과 행동을 타락시키고 있습니다. 그러므로 우리는 지금이 어떤 때인지를 바로 알고, 모든 일의 기준을 하나님과 하나님의 말씀인 성경에 두어야 합니다. 그러지 못한 예배는 개혁되어야 하고, 그러지 못한 신앙은 개혁이 되어야 합니다. 그래서 교회 안에 성경적 문화와 성경적 세계관이 온전히 뿌리내려 하나님께서 기뻐하시는 교회로 세워져가야 합니다.

저자는 영상물등급위원회의 소위원으로서 국내에 개봉하는 모든 영화를 접하며 문화적 타락의 현실을 날마다 목도하는 가운데, 예레미야처럼 오늘날 교회를 향하여 회개의 눈물을 호소하는 간절한 심정으로 이 책을 집필하였습니다. 지금 우리는 거친 바닷가에 서있는 아이처럼 나날이 악해져가며 강해져가는 반기독교적 문화 앞에 서있지만, 그 속에서도 생명의 길로 걸어가는 교회와 하나님께서 기뻐하시는 예배로 회복되는 일에 이 책이 이바지할 수 있길 원하며 "믿는 자여 어이할꼬." 하는 마음으로 이 책을 추천합니다.

추천사

《바벨, 신들의 귀환! 문화는 종교다》

강태원 영상 콘텐츠 제작자

이 책은 "문화는 종교다."라고 단호하게 선언한다. 오늘날 우리가 문화라는 이름으로 받아들이고 있는 가치와 흐름들이 사실상 새로운 형태의 종교적 체계임을 경고하고 있다.

저자는 젠더 이데올로기, 반기독교적 메시지, 심리 중심의 치유 담론 등이 인간의 욕망을 반영한 신화로 작동하고 있으며, 예배마저 형식화되고, 감성적이고 자기중심적 감성과 소비로 왜곡되었다고 비판한다.

문화는 중립이 아니라고 말한다. 즉 오늘날 문화는 단순한 오락이 아니라 인간의 감정, 세계관, 사회질서를 구성하는 종교적 실체로 봐야 하며 이를 분별하지 못하면 신앙도 잃게 된다고 지적한다. 또한 복음은 개인의 구원에 그치지 않으며 정의롭고 책임 있는 신앙은 민족과 시대의 구원에도 연결되어야 한다는 역사적 교훈을 강조한다.

"예배가 회복되지 않으면, 결코 이 나라의 혼란은 끝나지 않는다." 이 문장은 책의 핵심 메시지를 응축한 선언으로 보인다. 단지 교회의 문제가 아니라 민족과 사회 전체의 영적 본질을 회복하자는 간절한 호소로 들린다. 저자의 호소는 신학적 문제를 넘어서, 오늘날 우리가 접하고 있는 문화 현상을 영적 관점으로 다시 해석하게 해 준다. 이런 맥락에서 이 책에서 예배란 단순히 종교 행위가 아니라, 우리 존재의 중심을 어디에 둘 것인가에 대한 결단임을 느낄 수 있다.

이 책은 현재의 혼란한 사회 현상에 대해 비판적 시각을 제공하며, 개인과 교회, 민족이 나아갈 방향에 대한 깊은 고민을 던져주고 있다는 측면에서 독자들의 마음을 무겁게 하지만 채울 수 없는 욕망을 쫓는 갈등과 반목의 무질서가 아니라, 진리를 향한 참된 예배를 회복하기 위해 우리는 무엇을 추구해야 하는가? 질문하며 현상 너머의 본질과 내면을 꿰뚫어 볼 수 있는 분별력과 생각의 힘을 기르는데 도움을 줄 수 있다.

이런 맥락에서 이 책은 단순히 문화나 종교 현상을 분석하지 않는다. 고대 창조 신화와 바벨탑 이야기를 중심으로 인간이 신을 어떻게 인식하고, 문화와 종교, 권력체계에 어떻게 반영해왔는지 분석하고 있다. 인간이 만든 신화, 창조이야기, 예배 형식이 단지 종교적 현상에 그치지 않고, 문화적·심리적 메커니즘과의 연결, 현대 문화적 현상과도 깊이 연결되어 있는 지점도 분석적으로 접근하고 있다. 이러한 접근은 오늘날 교회와 신앙인에게 보내는 영적 각성의 외침이며 예배가 단지 종교 행위가 아니라, 삶과 사회를 다시 세우는 하나님의 통로임을 깨닫고, 성경적 창조관과 예배의 회복 필요성을 강조하고 있다.

 권력 질서를 정당화하는 창조 이야기, 존재적 갈증과 왜곡된 해답으로 인간의 욕망에 맞춘 신을 만들고 그를 예배하는 소비적이고 자기중심적인 방식으로 변질된 예배에 대한 비판적 고백을 엿볼 수 있다. 따라서 저자는 참된 예배를 인간 중심이 아닌 하나님 중심의 응답과 진리의 고백임을 밝히며 신앙의 회복은 거짓 신화와 예배에서 벗어나 하나님 중심의 창조 신앙과 예배로 회복되어야 함을 주장한다. 저자는 예배 회복이 시대 회복의 시작으로 본다.

 현대인은 하나님과 단절로 생긴 영적 공허를 욕망으로 채우며, 예배조차 자기중심적 소비로 변질되었다. 신화는 인간의 욕망과 불완전함을 투사한 허상임에도, 대중문화 속에서 새로운 종교처럼 소비되고 있다. 팬덤과 같은 문화현상은 신화적 제의와 유사하게 작동하며, 정체성과 소속감을 제공한다. 이처럼 문화는 신화와 결합해 인간 삶을 지배하는 종교적 기능을 수행하고 있다. 예배 회복이 곧 시대 회복의 열

쇠로서 모든 문화 전쟁과 시대의 혼란은 예배 회복, 곧 하나님을 향하는 마음에서부터 해결된다고 주장한다. 이처럼 저자는 지금 우리가 겪고 있는 혼란과 점점 깊어지고 있는 양극화와 사회적 분열을 정치적 해법이 아닌 예배의 회복으로부터 실마리를 찾아야 하고, 이 시대의 영적·사회적 위기를 극복할 수 있다고 주장한다.

한편 저자의 글은 미국의 문화인류학자 클리포드 기어츠(Clifford james Geertz, 1926~2006)가 자신의 책 《문화의 해석》에서 신화와 의례(종교)를 인간이 삶의 의미를 찾기 위해 만든 상징체계로 보았다. 그의 관점에 따르면, 신화와 의례는 단순한 종교적 행위가 아니라 문화를 구성하는 핵심 요소이며, 오늘날에도 다양한 형태로 문화 속에 귀환하고 있다. 현대 대중문화는 새로운 상징체계를 구성하며, 신화적 서사와 의례적 행위는 팬덤, 콘텐츠 소비, 디지털 플랫폼을 통해 되살아나고 있다. 이는 불확실한 시대 속에서 삶의 의미를 찾고자 하는 현대인의 욕망을 반영한다는 점에서, 저자가 말하는 '신들의 귀환'은 곧 문화적 신화의 귀환과 다르지 않다. 바로 이 지점에서 저자는 신화적 귀환의 양면성을 성찰한다. 현대 대중문화 속에서 신화와 의례의 귀환은 인간의 깊은 의미 추구와 공동체적 열망을 반영하는 동시에, 욕망의 상품화와 상징의 왜곡이라는 그림자를 동반한다. 이러한 문화적 신화의 귀환이 진정한 삶의 방향을 회복하려면, 인간의 욕망을 바르게 인도하고 정화하는 '예배의 회복'이 필수적이다.

한편 저자는 파편화된 정체성, 곧 나르시시즘, 소속감의 강박, 비교와 질투 등 인간 중심의 욕망을 바르게 인도할 수 있는 윤리적 통찰을 요구한다는 점에서 지금 우리가 고민해야 하는 가장 동시대적이면서 무거운 주제로 독자들에게 말을 걸고 있다.

프롤로그

광야의 외침, 무너진 제단 앞에서 흘린 예레미야의 눈물

우리는 지금, 무너진 제단 앞에 서있습니다. 교회가 시작된 이후 지금까지, 예배는 멈춘 적 없었고 교회는 여전히 자리를 지키고 있었지만, 그 중심은 이미 무너졌고 뜨거웠던 심장은 차갑게 식어버렸습니다.

예배는 본질을 잃고 종교성으로 드러지는 습관에 불과했습니다. 회개 없는 예배, 진리 없는 설교, 이웃 사랑은 사라지고, 자기애에만 집중하는 믿음과 공의는 사라지고 은혜만 바라는 책임 없는 종교 행위, 그리고 습관처럼 반복되는 무의식의 예배가 일상이 되었습니다.

우리는 지금, 하나님께서 "차갑지도 뜨겁지도 아니하여 토하여 버리고 싶다."(계 3:16)고 하신 본질을 잃어버린 시대를 살아가고 있습니다. 과연 이 시대에 하나님께서 기뻐 받으실 예배의 제단은 어디에 있습니까? 하나님께서 찾으시는 마지막 예배자는 어디에 있습니까?

예레미야는 무너진 성전을 바라보며 통곡하였습니다. 그가 흘린 눈물은 단지 예루살렘의 멸망 때문만이 아니었습니다.

"너희는 여호와의 전이라, 여호와의 전이라, 여호와의 전이라 하는 거짓말을 믿지 말라."(렘 7:4), "우리는 하늘 여왕에게 분향하리라."(렘 44:17-19) 외치던 백성들, 그가 가슴을 찢으며 흘린 눈물은 백성들이 회개 없는 신앙과 하나님 없는 예배에 익숙해졌기 때문이었습니다.

성전을 붙잡고 안심하면서도 하늘 여왕에게 분향하던 그들의 완고함은, 끝내 하나님의 심판을 불러왔습니다. 그리고 지금, 그 통곡의 눈물은 이 시대의 교회를 향해 흐르고 있습니다.

신화와 젠더 이데올로기, 심리학과 오컬트, 문화적 혼합주의와 종교통합의 물결 속에서, 교회는 분별하지 못한 채 복음의 순수성과 순결을 잃어가고 있습니다.

문화는 중립이 될 수 없고 믿음은 감성이 아닌 결단입니다

문화는 예배의 형식으로, 심리의 언어로, 미디어의 서사로 우리의 마음과 생각을 사로잡았고,

어느새인가 알게 모르게 바벨의 신들에게 삶의 터전을 내어주며 환영하고 있습니다.

우리의 안이함이 바벨의 신들을 불러냈고, 그들의 귀환 앞에 문을 열어주었습니다. 니므롯의 바벨은 무너졌지만, 그 정신은 여전히 살아 숨 쉬고 있는 것입니다.

무질서가 정의를 압도하고, 거짓이 진리를 가장하는 시대에 우리는

살고 있습니다. 이런 불의함 앞에 기도하고 사회 공의를 위해 목소리 내야 할 교회는 침묵하고 있습니다. 교회 안에서는 복음만 이야기해야 한다는 이유입니다. 그러나 사회공의가 바로 세워질 때 비로소 하나님의 공의가 이 땅에 실현되는 것입니다. 이것이 바로 교회 사명인 빛과 소금의 역할을 감당하는 것입니다. 그러나 교회는 '정교분리'라는 명분 뒤에 숨어 사명을 망각한 채 입술에 재갈을 물리고 있습니다. 예배당 안에서는 하나님의 사랑은 외치지만, 공의와 심판은 말하지 않습니다. 이러한 일들이 지금 교회가 교회로써 감당해야 할 몫을 감당하지 못하는 비극적인 현실입니다.

세상의 거짓과 불의 앞에서, 교회는 보아도 보지 못하고, 들어도 듣지 못하며 책임 있는 외침을 멈추고 있습니다.

그러나 우리 민족의 역사 속에는, 신앙이 개인의 구원을 넘어 민족의 운명을 바꾼 위대한 선례가 있습니다. 대한민국을 선교대국으로 만드신 하나님의 특별한 섭리 가운데 쓰임 받았던 이승만은, 질서가 무너지고 진리가 왜곡되던 구한말 망국의 시대와 일제의 처절한 탄압 속에서도 믿음의 본질을 외쳤습니다. 그는 기독교가 단지 개인의 구원에 머물러서는 안 되며, 민족의 자유와 정의를 위한 책임 있는 신앙이 되어야 한다고 강조했습니다.

또 일제의 기독교 핍박 속에서 쓴 〈독립정신〉에서, 신앙이 교회 안에서만 갇혀 있으면 곧 우상이 된다고 일침했습니다. 복음은 개인의 구원뿐 아니라, 민족의 정의와 시대의 상처까지 껴안아야 한다고 외쳤습니다. 세계에서 유일하게 하나님께 기도로 세워진 나라, 대한민국! 피와 눈물과 믿음의 헌신 위에 세워진 이 거룩한 나라는 지금, 감성으로 위안받고, 책임 없는 은혜만을 바라는 신앙에 머물고 있습니다.

지금은 거룩함의 회복이 필요한 때입니다. 감성이 아닌 믿음의 결단으로, 예레미야의 절규와 눈물의 기도로 무너진 제단을 다시 쌓고, 회개의 불을 지펴야 합니다. 우리는 지금, 선택과 결단의 기로에 서 있습니다. 종교의 틀과 형식만 남은 신앙에 안주할 것입니까? 아니면 마음의 중심인 신령과 진정으로 하나님께 헌신하겠습니까? 예배가 무너지면 개인과 교회가 무너지고, 교회가 무너지면 민족이 함께 무너집니다. 나라의 혼란과 망국의 그림자는 바로 교회가 교회 되지 못하고 개인의 신앙이 올바르지 못한 종교성으로 타락한 결과입니다. 이스라엘에 아합과 같은 악한 왕이 허락된 이유도, 백성의 신앙적 타락과 우상숭배로 무너진 제단에 있었음을 기억해야 합니다. 그러나 복음이 회복되면 교회가 다시 살아나고, 교회가 살아나면 민족도 다시 회복됩니다. 그 시작은 언제나, 단 한 사람의 회개에서 시작됩니다.

지금 이 책을 읽고 있는 당신이, 그 한 새사람의 기도가 되기를 바랍니다.
회개의 무릎을 꿇고 눈물의 제단 앞에 엎드린다면, 하나님은 그 눈물을 통해 다시 교회를 새롭게 하시고, 이 민족을 살리실 것입니다.
1907년 평양 대부흥도, 단 한 사람의 회개에서 시작되었습니다.
그 불꽃이 지금, 바로 당신의 심령에서 다시 타오르기를 소망합니다.

Contents

추천사　　　　　　　　　　　　　　　　　　　　*006*
프롤로그　　　　　　　　　　　　　　　　　　　*018*

I.
침묵 속의 진입로, 균열의 시작

바벨의 성막, 문화전쟁의 서막　　　　　　　　　　*031*
신화, 창조를 대체한 문명의 프로토콜　　　　　　　*033*
수메르와 이집트 신화, 뉴 오더를 설계한 예배의 시나리오　*035*

II.
신화가 만든 창조 이야기, 하나님을 지운 세계관

왜 신화마다 창조주가 다를까?　　　　　　　　　*041*
문화와 환경이 만든 창조자들　　　　　　　　　　*042*
권력 질서를 정당화하는 창조 이야기　　　　　　　*044*
존재론적 갈증과 왜곡된 해답　　　　　　　　　　*047*
신화와 예배의 왜곡　　　　　　　　　　　　　　*050*
바벨의 신화를 넘어서　　　　　　　　　　　　　*051*

III.
철학이 설계한 바벨 문화의 부활

플라톤, 철학이 세운 신화 질서(New Order World)	055
철학으로 포장된 신화	056
이데아로 구조화된 신화 vs 생명을 건 바울의 복음	058
교회 안으로 들어온 신플라토닉 세계관	059
플라톤과 신화, 바울과 복음의 격전지	061
신화의 허용이 가져온 혼합주의	062
콘스탄티누스의 전략은 복음을 종교로…	064
콘스탄티누스의 계략으로 여호와 절기가 이방 절기로 종교화되다	066
구별을 잃은 교회	068
예배 개혁은 신화를 무너뜨리는 복음의 행위다	070
오늘의 예배가 다시 신화를 소비하고 있다	071

IV.
정복된 여리고, 무너뜨리지 못한 바벨의 문화

작은 도성 여리고 거대한 신화의 도시국가	075
몸에 새긴 신화, 기억된 질서 그리고 문신과 욕망	077
죽은 자의 혼을 타투로 몸에 담다	079
감탄은 경외로, 경외는 타락으로…	082
예배의 언어가 바뀌면, 예배의 대상도 바뀐다	083

V.
하나의 허용이 전체를 허물어 버리는 원리

무너진 제단, 누구를 찬양하고 있는가?	089
여호와는 종교행위로 밀어두고, 생활은 바알에게 적시다	091
땅은 정복하였으나 문화는 점령당했다	092
예배는 드렸지만 대상은 애매했다	095
"오늘은 어디로 예배드리러 가세요?", "느낌 좋은 곳이요"	096
경외함은 사라지고 취향의 체크리스트가 된 교회	098
예배 시간을 깜빡했나요? 좋댓구알~ 꾸욱~ 알려 드려요	099
알고리즘으로 찾은 하나님, 입맛에 맞게 고른 설교	102
은혜는 내 감정이 충족되는 만큼만…	103
주여, 제 감정부터 만져 주세요 ㅜㅜ	105
말씀에 울컥, 찬양엔 눈물, 그럼 은혜인 거죠!	106

VI.
무너진 성소, 반복되는 타락

자기 소견의 시대, 신화의 귀환!	111
사유화된 예배의 비극	112
편의의 시대, 예배는 어디로 향했는가	114
하나님의 심판을 대체한 인간의 정의	116
사람은 결코 참된 심판자가 될 수 없다	118
유티티아 서사로 포장된 신화	120
좀비물, 죽음을 왜곡된 생명으로 포장하다	121

왜곡된 부활의 이미지, 그 파장은?   *124*

자살은 영웅인가? - 신화가 만든 거짓 영광의 서사   *125*

죽음의 미화가 자살을 부추기는 문화 코드   *127*

픽션으로 위장된 신화 모티프 무비   *130*

아이돌로 귀환한 신화의 영웅들   *132*

우리 시대의 황금송아지, 아이돌과 시내산 아래서 떼창   *135*

VII.
무너진 제단, 스스로를 구원하려는 믿음!

복음을 대체하는 심리학과 자기 위안을 '임재'라 부르는 시대   *139*

내면의 거울을 통해 본 자기 정체성   *140*

나르시시스트, 자아 숭배의 심리학   *142*

MBTI는 자기 이해인가, 정체성의 우상화인가?   *145*

영화와 신화를 통해 본 현대 심리학   *148*

복음과 심리학, 두 세계관의 충돌   *150*

VIII.
맘몬, 기복신앙과 물질 숭배의 문화

풍요의 신 맘몬과 물질만능주의 시대   *157*

미디어가 주입하는 소비의 세계관   *158*

맘몬 제국의 물질은 어떻게 신이 되었는가   *161*

신화에 못 박히고, 신용카드로 부활한 맘몬과 바알   *163*

문화가 신앙을 지배하는 시대   *166*

IX.
신화의 귀환과 피조물 숭배의 예배

신화 속 짐승은 교회를 삼켰다	173
반려동물 예배, 신학적 고민과 성경의 가르침	174
가정 해체가 여는 교회 붕괴의 문	177
이혼을 정상화하는 문화, 해체된 가정의 진짜 희생자	180

X.
젠더 이데올로기와 성혁명 그리고 현대 문화

신화 속 동성애의 기원과 문화적 상징	185
영화와 현대 문화 속 젠더 혼란과 성 혁명의 구현	189
젠더 혼란과 문화적 신화의 확산	192
헬레니즘 문화와 싸운 바울의 외침! 거대한 영적 전쟁의 현장	193
현대 문화와 젠더 이데올로기, 차별금지법 그리고 문화혁명의 그림자	195

XI.
신화와 영화가 만든 새로운 신앙 체계와 교회의 대응

고대 신화의 현대적 해석	201
감성, 자기구원, 도덕적 상대주의	204
교회의 대응과 신앙 회복을 위한 방향성	207

XII.
오컬트 신화와 현대 심리학의 만남

영혼을 뒤흔드는 새로운 신앙의 실체와 인간 내면을
사로잡는 영적 함정   *211*

영화 속 오컬트 모티프의 상징과 현대인의 무의식과 영적 갈망   *213*

MBTI의 신비주의와 현대 심리학의 영적 도전   *215*

신화 심리학, 〈굿 윌 헌팅〉의 구원 서사   *217*

XIII.
결론 – 예레미아의 눈물, 오늘 교회를 향해 흘리다, 회개 없는 예배는 없다

신화와 종교통합에 맞서는 거룩한 분별   *223*

제단을 다시 세우라! 이 시대 광야의 외치는 소리   *224*

미주   *228*

I.
침묵 속의 진입로, 균열의 시작

바벨의 성막, 문화전쟁의 서막

가나안은 단지 '젖과 꿀이 흐르는 약속의 땅'만은 아니었다. 이스라엘의 정탐꾼들이 본 그 땅은 예상을 훨씬 뛰어넘는, 압도적일 만큼의 풍요와 화려한 문화의 중심지였다. 잘 정비된 도로망, 조화롭게 균형 잡힌 도시와 건축물, 정교하게 다듬어진 제단들과 감탄을 자아낼 만큼 아름다운 신상들… 광야에서 떠돌던 정탐꾼들의 눈에는 이 모든 것이 낯설고 이질적이면서 동시에 치명적인 매혹으로 다가왔다.

> 거기서 네피림 후손인 아낙 자손의 거인들을 보았나니 우리는 스스로 보기에도 메뚜기 같으니 그들이 보기에도 그와 같았을 것이니라.(민수기 13:33)

가나안 정복은 단순한 '땅의 점령'이 아니다. 그 땅 위에 세워진 문화와 제단, 그리고 거짓 신을 향한 예배를 무너뜨리는 일이었다.[1] 이것을 무너뜨리지 않으면 결국 이스라엘도 그 영적 구조 속에 삼켜질 수밖에 없다. 에덴동산 중앙에 선악과 앞에서 뱀의 유혹에 넘어간 아담과 하와가 영적 사망에 이른 것처럼,[2] 이스라엘 백성 또한 예배와 문화의 충돌이라는 전쟁의 본질을 깨닫지 못하면 무너질 수밖에 없다.

하나님이 명령하신 가나안 정복은 단호한 심판이었지만, 동시에 그분의 백성을 위한 은혜였고, 보호였으며, 사랑이었다.[3] 가나안의 문화는 단순한 물질적 풍요가 아니라, 신화적 세계관과 우상숭배로 구성된 견고한 '영적 질서'였다.[4] 이스라엘이 무너뜨려야 할 것은 단지 도시의 성곽만이 아니라, 하나님의 능력과 인도하심 없이는 도저히 무너뜨릴 수 없는 영적인 싸움인 것이다.[5] 여리고 성의 붕괴는 단순한 물리적 승리가 아니라, 하나님만이 참된 반석이요 요새이심을 드러낸 사건이었다.[6] "여호와는 나의 반석이시오, 나의 요새시오, 나를 건지시는 이시오."(시 18:2)

그리고 이제 우리는 이 문화전쟁의 배후, 곧 가나안 문화를 지탱하던 신화의 정체를 마주해야 한다.[7] 왜 하나님은 그 땅의 문화를 철저히 제거하라고 하셨을까? 그 문화는 단순히 이방의 관습이 아니라, 인류 역사 속에서 하나님을 대적해 온 신화와 우상의 체계, 곧 '영적 구조' 그 자체였기 때문이다.[8]

신화, 창조를 대체한 문명의 프로토콜

가나안 문화는 오히려 오래전부터 인류 역사 속에서 정교하게 설계되고 계승되어 온 '신화'라는 이름의 문화적 질서이자 예배의 구조였다. 그 기원은 창세기 11장의 바벨탑 사건까지 거슬러 올라간다.

"자, 하늘에 닿는 탑을 쌓아 우리의 이름을 내고 온 지면에 흩어짐을 면하자."

이 선언은 단순한 도시 건설이 아니라, 하나님 없이 인간의 질서를 세우려는 대담한 시도였다. 그 중심에는 '용사'라 불린 니므롯이 있었다. 그는 인류 최초의 도시 국가를 세우고, 스스로를 신격화한 존재였다. 하나님이 주권적으로 다스리시는 창조 질서를 뒤엎고, 인간이 중심의 질서를 구축하려 한 인물이었으며, 동시에 하나님의 통치를 거부한 첫 인류의 집단적 반역의 상징이기도 했다.

니므롯이 죽은 후, 그의 아내 세라미스는 그를 신격화하기 위해 그의 시신을 열두 조각으로 나누어 각 지역에 보냈다고 전해진다. 이후 그녀는 자신이 태양신 니므롯의 아들을 잉태했으며, 그 아들 담무스가 바로 니므롯의 환생이라고 주장했다. 세라미스는 담무스와 결혼하여 그를 '죽음을 이긴 신'으로 만들어 버렸다. 자신은 '하늘의 여왕'이라고 불렸다. 가나안 문화는 단순한 이방 풍습이 아니었다. 오히려 오래전부터 인류 역사 속에서 정교하게 설계되고 계승되어 온 '신화'라는 이름의 문화적 질서이자 예배의 구조인 것이다.

이는 성삼위 일체를 모방하여 자신들의 통치와 숭배를 위해 만들어 낸 왜곡된 삼위 질서의 시작이었고 모자 숭배(Mother-Child Worship)로 정형화되어,[9] 이집트의 이시스와 호루스, 그리스의 아프로디테와 에로스, 로마의 비너스와 큐피드, 북유럽의 프레이야와 발두르 등으로 반복되며 다양한 문명의 종교 기초가 되었다.[10] 이 모자 숭배 체계는 훗날 중세 가톨릭 안에서도 마리아를 숭배하기 위한 '모자숭배' 형태로 살아남았다.

바벨론에서 시작된 이 '하늘 여왕' 숭배는 남유다까지 침투하였고, 예레미야는 "우리는 하늘 여왕에게 분향하리라."(렘 44:17-19) 외치며 회개하지 않는 백성에게 심판을 경고했다.

이러한 종교적 혼합은 바벨론에만 머문 것이 아니다. 가나안의 신화 구조 역시 이러한 맥락에서 이해해야 한다. 가나안의 바알과 아세라, 몰렉과 아나트는 단순한 이방 신이 아니라, 니므롯 체계의 지역적 변주였다. 이 신들은 성적 타락, 아동 인신제사, 음란과 폭력 등으로 예배를 구성했고, 그 중심에는 풍요와 다산, 죽음과 부활의 신화가 자리 잡았다. 바알의 죽음과 부활, 아세라와의 결합은 자연의 주기와 풍요를 종교적으로 해석한 것으로, 신전에서의 성적 의식의 제의적 매음, 심지어 아동 제사까지도 정당화되었다. 이러한 예배는 육체적 쾌락과 폭력, 죽음을 제단 위에 올리는 사회적·영적 타락의 의례였다. 가나안 문화는 단순한 풍습이 아니라, 하나님을 대적하는 바벨적 문화의 계승이자, 신화를 기반으로 한 '대체 종교'다.[11]

쾌락의 향연이 낳은 현대판 몰렉제사는 신생아 유기와 낙태로 이어지면서 여전히 진행 중이다. 이렇듯 신화는 허구나 민속이 아니라, 인간의 죄성이 만든 또 하나의 종교였다. 그것은 하나님을 모방하며 그분의 자리를 찬탈하려는 영적 구조물, 사탄의 지혜로 구축된 대체 예배 체계였고, 가나안은 그 정점에 서 있다. 이 전쟁은 지금도 여전히 진행 중이다.

수메르와 이집트 신화, 뉴 오더를 설계한 예배의 시나리오

바벨의 정신은 단순히 과거의 반역 사건이 아니라, 오늘날에도 살아 움직이는 문화적 질서이다. 신화는 종교를 통해 제도화되었고, 종교는 문화를 통해 일상화되었다. 문제는, 이 체계가 하나님의 통치가 배제된 예배의 구조라는 점이다.

가장 먼저, 수메르 문명은 이 구조를 가장 선명하게 드러낸다. 수메르의 태양신 '우투(Utu)'는 니므롯의 그림자를 닮았고, 그의 누이 '이난나(Inanna)'는 사랑과 전쟁, 풍요의 여신으로 숭배되었다. 이난나는 훗날 바벨론에서는 '이슈타르(Ishtar)', 그리스에서는 '아프로디테'와 '페르세포네', 로마에서는 '비너스'와 '키벨레'로 이름을 바뀌며 계속 숭배된다. 이러한 여신 숭배는 단순한 여성 신의 등장을 넘어서, 본질적으로 세라미스 신화를 정착시키는 반복적 문화 장치였다. 이후 카톨릭 내에서는 성모마리아와 아기 예수의 이미지가 이스라엘을 넘어 고대 신화적 질서를 침투했다.

이집트 문명에서는 이 구조가 더욱 정치화된다. 오시리스-이시스-호루스 삼위 체계는 담무스를 닮은 호루스를 통해 오시리스의 부활을 주장하며 신격 질서를 형성했다. 이시스는 마술과 생명, 다산의 여신으로 여겨졌고, 이집트의 파라오들은 호루스의 현신으로서 신적 통치 권위를 부여받는다. 즉, 신화가 곧 정치였고, 신격은 통치자를 의미했으며, 종교는 제국의 정당성이 되었다.

이 모든 구조는 '예배는 곧 통치 질서다.'라는 사실을 보여준다. 수메르와 이집트는 제국 권력의 정당성을 신화적 서사 위에 세웠으며, 그 신화는 사람들의 내면을 지배하는 영적 질서였다. 바벨에서 세워진 이 거대한 대체 질서는 이후의 모든 문명과 문화에 스며들었고, 하나님의 백성과 끊임없는 충돌을 일으켰다.

비록 바벨탑은 무너졌지만, 그 정신은 바벨론 제국으로 계승되었고, 이후 느부갓네살이 세운 마르둑 신전과 이슈타르 문을 통해 더욱 정교하게 제도화되었다. 코발트빛 벽돌 위에 새겨진 사자와 황소, 용의 형상은 단순한 장식이 아니라, 고대의 리바이던을 연상케 하는 신화와 예배, 권력이 통합된 바벨적 문화의 상징이었다.

하나님께서 이스라엘 백성에게 "다른 신들을 네게 두지 말라."고 명령하신 것은, 가나안 정복이 단순히 땅을 차지하기 위한 전쟁이 아니었음을 보여준다. 이스라엘은 문화를 무너뜨려야 했고 그 문화는 단지 지역적 신화를 넘어, 인간의 마음과 역사 전반을 지배해 온 하나님을 대적하는 오래된 영적 구조였기 때문이다.

> 너는 나 외에는 다른 신들을 네게 두지 말라 너는 그것들에게 절하지 말며 그것들을 섬기지 말라.(신명기 5:7-9)

이스라엘 백성에게 광야는 그들의 정서에 밴 이집트 우상숭배 문화를 제거하시기 위함이다. 가나안을 향해 가고 있는 그들이 또다시 마주하게 될 이방 문화의 우상숭배에 종속되지 않게 하기 위한 하나님의 치밀한 전략이었다. 가나안은 젖과 꿀이 흐르는 땅이었지만, 그 땅을 진정한 약속의 땅으로 회복하려면, 치명적인 미혹인 그들의 문화를 뿌리째 뽑아야 했다.

그가 네 아들을 유혹하여 그가 여호와를 떠나고 다른 신들을 섬기게 함으로 여호와께서 너희에게 진노하사 갑자기 너희를 멸하실 것임이니라. 오직 너희가 그들에게 행할 것은 이러하니 그들의 제단을 헐며, 주상을 깨뜨리며, 아세라 목상을 찍으며, 조각한 우상들을 불사를 것이니라.(신명기 7:4-5)

고대 바벨탑

II.
신화가 만든 창조 이야기, 하나님을 지운 세계관

앞서 우리는 바벨의 문화가 단순한 이방의 풍습이 아니라 영적 질서를 이루는 대체 예배 체계임을 보았다. 이제 그 체계를 뒷받침하는 신화의 핵심 곧 창조 서사의 왜곡을 살펴보고자 한다.

왜 신화마다 창조주가 다를까?

세상의 거의 모든 고대 문명은 자신들만의 창조 이야기를 가지고 있다. 흥미로운 것은, 이 모든 신화가 '창조'라는 개념을 포함하고 있음에도 불구하고, 정작 그 창조의 주체는 서로 다르다는 점이다. 어떤 신은 하늘에서, 어떤 신은 바다에서, 또 어떤 신은 혼돈이나 죽음을 통해 세상을 만든다고 말한다. 단지 우연일까, 아니면 문화적 상상력의 결과일까?

이 질문은 단순히 이야기의 다양성이나 민속학적 차이로 설명될 수 없다. 그 안에는 훨씬 더 깊은 문화적, 정치적, 그리고 영적 층위들이 복합적으로 얽혀 있다. 각 민족이 처한 자연환경, 그들의 생존 방식, 그리고 세상을 바라보는 방식에 따라 신들의 성격이 달라졌고, 그에 따라 창조주의 모습도 달라졌다. 그러나 이러한 차이보다 더 근본적인 공통점은, 거의 모든 신화에서 하나님이 아닌 '다른 존재'가 창조주로 등장한다는 점이다.[1] 그들은 진정한 창조주 하나님을 인정하지 않았고, 대신 스스로 구성해낸 신적 존재를 내세워 세상의 기원을 설명하려 했다.

이러한 경향의 배후에는 단순한 문화적 필요 이상의 깊은 영적 동기가 자리 잡고 있다.² 그것은 바로 창세기 3장 이후, 인간이 하나님의 통치로부터 벗어나려 했던 근본적인 반역의 역사이다. 인간은 선악과를 통해 스스로 하나님과 같이 되려는 시도를 감행했고, 그 이후의 모든 신화는 그 반역의 유산을 문화적으로 재현한 것이다. 각기 다른 이름을 가진 신들과 다양한 창조 이야기는, 결국 하나의 본질로 수렴된다. 바로 하나님 없는 세계 해석, 곧 바벨의 정신이다.

바벨은 단지 한 도시의 이름이 아니라 하나님 없는 창조 질서를 세우려는 인간의 야망이었다. 그 결과 세상은 수많은 이름의 신들을 갖게 되었고 창조주 하나님은 점점 이야기의 중심에서 밀려나게 되었다. 모든 신화의 공통점은 이처럼 하나님을 배제하고, 그 자리에 피조물을 올려놓게 된 것이다.³ 이는 단지 옛날이야기가 아니라, 오늘날 우리가 살고 있는 문화적 토대의 뿌리이기도 하다.

문화와 환경이 만든 창조자들

사람은 자신이 살고 있는 세상을 신화 속에 투영한다. 고대 세계에서 신은 단지 초월적 존재가 아니라, 자연과 인간 삶의 공포와 필요를 신격화한 형상이었다. 삶이 불확실하고 생존이 위태로울수록, 인간은 자신의 눈앞에 펼쳐진 자연을 신의 세계로 해석했고, 그 속에서 가장 절실한 생존 조건이라 생각했다.

예를 들어, 농경 중심 사회는 계절과 날씨, 땅의 비옥함에 생존이 달려 있었기에, 땅을 여는 힘, 생명을 잉태하고 기르는 존재를 '여신'의 모습으로 형상화했다. 수메르 문명의 닌후르사그나, 풍요와 다산, 사랑과 전쟁을 동시에 관장한 이난나는 대표적인 예다.[4] 이 신들은 단순한 상징을 넘어, 백성의 일상과 생존을 관장하는 삶의 주권자로 섬겨졌다. 이러한 여신 숭배는 이후 문명 속에서도 다양한 이름과 형태로 반복되며 등장하게 된다.[5]

반면, 유목민과 초원 지대의 민족들은 거친 자연 속에서 하늘의 움직임과 바람의 흐름에 민감하게 반응했다. 그들에게 가장 위대한 존재는 대지보다 높고, 예측할 수 없는 힘을 지닌 하늘의 신이었다. 몽골과 중앙아시아의 텡그리(Tengri)는 모든 것을 다스리는 하늘의 신으로, 인간의 생사화복과 전쟁의 승패를 좌우하는 절대 권위자였다. 이러한 세계관은 한민족의 천제 신앙, 환인·환웅 신화와도 연결되며, '위에서 내려온 권위'에 대한 집착을 형성해왔다.[6]

또한 해양 문화를 기반으로 한 폴리네시아와 남태평양 지역에서는 바다가 생명의 기원이자 신의 공간이었다. 하와이 신화의 타네 마후타(Tāne Mahuta)는 숲과 생명의 신으로, 우주를 창조하고 인간을 빚은 존재로 숭배된다. 이런 문화권에서는 바다의 심연이나 태풍 같은 자연

현상도 신의 정령이거나 창조 행위의 도구로 간주되었다.[7]

　이처럼 고대 사람들에게 신이란 초월적 존재라기보다, 그들이 절박하게 의지하던 자연 현상의 인격화된 형상이었다. 창조주는 하늘에 계신 분이 아니라, 눈앞의 현실과 가장 밀접한 생존 도구였던 것이다. 다시 말해, 인간은 진짜 창조주를 섬긴 것이 아니라, 자신이 두려워하거나 필요로 하는 피조물을 신격화하여 예배한 것이다. 바울은 이러한 왜곡을 로마서에서 명확히 진단한다. "그들이 하나님의 진리를 거짓으로 바꾸어 피조물을 조물주보다 더 경배하고 섬기니라."(롬 1:25)
　결국 신화는 인간의 종교적 본능이 낳은 자화상이었고, 창조 이야기는 하나님을 떠난 세계 해석의 첫걸음이었다. 문화는 피조물 숭배를 제도화했고, 환경은 신의 이름을 결정했으며, 바벨의 유산은 그렇게 지역마다 다른 모습으로 살아 숨 쉬게 되었다. 그러나 그 모든 신들의 배후에는 공통점이 하나 있다. 그 누구도 창조주 하나님이 아니었다.

권력 질서를 정당화하는 창조 이야기

　고대 신화에서 창조는 단순한 우주의 기원에 대한 설명을 넘어서, 사회 질서와 권력 체계의 정당성을 부여하는 도구였다. 창조주는 단순한 창조자가 아니라, 왕과 제국의 권위를 뒷받침하는 신적 기원이었고, 이러한 신화 구조는 바벨 이후 모든 문명에 반복적으로 자리 잡았다.[8]

이집트 문명을 보자. 태양신 라(Ra)는 우주의 창조자이며, 파라오는 그의 '살아 있는 아들'로 지상에 보낸 존재였다. 파라오의 말은 곧 신의 말이었고, 그 명령은 하늘의 뜻이었다. 창조 신화는 곧 왕권 신화였으며, 하늘의 신성을 인간 정치에 이식시킨 신정 체제(theocracy)를 가능케 했다. 이집트 백성이 파라오에게 절한 것은, 그가 라의 형상을 지닌 존재였기 때문이다.[9]

메소포타미아의 신화도 마찬가지다. 바빌로니아의 창조 서사인 에누마 엘리시(Enuma Elish)에서, 신 마르둑은 혼돈의 여신 티아마트를 죽이고, 그녀의 몸으로 하늘과 땅을 만들어 창조를 완성한다. 그는 다른 신들에게 질서를 재편할 권리를 요구하며 스스로 왕위에 오른다. 그 결과, 인간은 마르둑을 대신해 일하도록 창조되었고, 왕은 마르둑의 대표자로서 신의 뜻을 땅에서 수행하는 통치자가 된다. 여기서 창조는 곧 계급 구조의 정당화였고, 신화는 사회 질서 유지의 근거였다.[10]

중국 고대 사상도 유사한 체계를 가지고 있었다. 창조 신화에 등장하는 반고(盤古)는 혼돈의 알에서 태어나 하늘과 땅을 갈라 세상을 창조하고, 그 몸에서 만물이 나왔다고 전해진다. 이후 등장하는 천제(天帝)와 하늘의 명령, 즉 천명(天命)사상은 황제가 '하늘의 뜻을 받은 자'로서 통치할 권리를 지녔음을 뜻했다. 황제가 타락하면 하늘이 그 권한을 회수하고 천명을 새로 부여한다는 이론은, 겉보기엔 견제 구조 같지만 실제로는 권력의 초월적 근거를 하늘에 두는 체제의 신학화였다.[11]

고대 그리스·로마에서는 신과 인간의 경계가 희미해졌다. 신의 피를 이어받았다는 왕족 신화는 수없이 반복되었고, 로마의 황제는 스스로를 '신의 화신' 혹은 '신격화된 존재(divus)'로 여겼다. 아우구스투스는 자신을 '신의 아들'이라 불렀고, 사후에는 공식적으로 신이 되어 제국의 신전에서 숭배를 받았다.[12] 정치 권력과 종교 권위의 일치는 신화 속 창조주가 곧 정치적 구심점이 되게 만들었다.

결국 고대의 창조 신화는 우주의 기원을 설명하기보다는, 권력 질서를 정당화하고 통치자의 권위에 신성을 부여하는 도구로 기능했다. 창조주는 찬양의 대상이 아니라, 왕권의 신적 정당성을 뒷받침하는 상징이었다.

이러한 구조는 창세기 11장 바벨탑 사건에서 정점을 이룬다. "자, 우리가 탑을 세워 하늘에 닿게 하자, 우리가 우리의 이름을 내자."는 선언은, 하늘의 뜻을 받드는 것이 아니라, 하늘의 자리를 차지하려는 반역의 야망이었다. 사람은 하나님을 제거하고, 그 자리에 자신들이 만든 신을 세운 뒤, 그 신을 통해 자기 자신을 높이고자 했다.

그 결과, 인간이 만든 신화의 세계에서는 창조의 목적도, 인간의 존

엄도, 예배의 방향도 모두 뒤틀려 버렸다. 인간은 하나님의 형상이 아니라, 신의 노예로 창조되었고, 창조주는 사랑이 아니라 권력의 상징이 되었으며, 예배는 창조주께 드리는 헌신이 아니라 왕을 위한 복종의 의례로 변질되었다.[13]

그러나 성경은 완전히 다른 이야기를 전한다. 하나님은 스스로 존재하시는 창조주시며, 어떤 제국의 통치 구조를 정당화하려고 인간을 지으신 것이 아니다. 인간은 하나님의 영광을 위해 창조되었고, 그분의 형상을 따라 지음 받은 존귀한 존재다. 하나님의 창조는 통치를 위한 도구가 아니라, 사랑과 생명, 자유와 교제의 시작점이다.

존재론적 갈증과 왜곡된 해답

인간은 누구나 "나는 어디서 왔는가, 왜 존재하는가, 어디로 가는가."라는 질문을 던진다. 이 질문은 단순한 철학적 호기심이 아니라, 인간 존재의 가장 근본적인 물음이다. 이 갈증은 창조주 하나님과의 단절 이후, 인간 내면 깊숙이 남겨진 영적 공허에서 비롯된다. 그리고 사람들은 그 공허를 메우기 위해 신화를 만들었다.

고대 신화는 바로 그 물음에 대한 인간적인 대답이었다. 그것은 하나님을 떠난 인간이 스스로 해답을 만들어 내려는 시도였으며, 결과적으로 왜곡된 창조의 이야기를 낳았다. 창조는 고귀한 시작이 아니라, 대개 혼돈과 충돌, 죽음과 분열을 통해 이루어진다.[14]

예컨대 바빌로니아의 창조 신화 에누마 엘리시에서는 신 마르둑이 혼돈의 여신 티아마트를 죽이고, 그 시체로 하늘과 땅을 만들어 세상을 창조한다. 창조의 시작은 잔혹한 전쟁이며, 우주는 시체의 파편에서 비롯된다. 생명은 고귀한 선물이 아니라, 파괴의 결과이며, 세계는 본질적으로 폭력 위에 세워진 공간으로 그려진다.[15]

이집트 신화에서도 마찬가지다. 태양신 라는 자신의 침과 피에서 다른 신들을 만들고, 자신의 몸에서 세상을 낳는다. 이러한 창조는 전능한 명령이 아니라 신의 분열과 자기희생, 혹은 신체의 분리로 이루어진다.[16] 창조주는 통일성과 초월성을 지닌 존재가 아니라, 수많은 신들과 함께 떠밀리듯 세계를 구성해가는 불완전한 존재에 불과하다.

노르드 신화 역시 이 패턴을 반복한다. 원초의 거인 이미르는 죽임을 당하고, 그의 살과 뼈, 피, 머리, 심장으로 각각 땅, 산, 바다, 하늘, 구름이 만들어진다. 이처럼 창조는 언제나 '죽음을 통한 재료 확보'이며, 세상은 폭력과 분열, 해체의 부산물이다.[17] 여기엔 창조주의 선하심도, 인간에 대한 사랑도 존재하지 않는다.

중국 신화의 반고 역시 창조 후 죽으며, 그의 머리와 눈, 팔다리 등이 각각 자연물로 변한다는 유사한 구조를 지닌다. 심지어 한민족의 고대 신화에서도 하늘에서 내려온 신의 자손이 인간 세상을 다스리고, 인간 여인과 결합해 새로운 문명을 시작하는 이야기가 반복된다. 이러한 이야기들은 어디선가 왔을 창조자에 대한 갈망이 담겨 있지만, 그 갈망은 언제나 왜곡된 방향으로 흘러간다.[18]

왜 그런가?
하나님을 잃은 인간은, 참된 창조의 기억을 왜곡해서라도 반드시 무언가로 채워야 했기 때문이다. 그 결과 신화는 종종 위대한 이야기처럼 보이지만, 실제로는 영혼의 방황과 기억의 왜곡, 존재론적 공백에 대한 비극적 자기 설명일 뿐이다.
성경은 이와 전혀 다른 메시지를 전한다. "태초에 하나님이 천지를 창조하시니라."(창 1:1)
성경의 창조는 혼돈의 정복이나 신의 죽음을 통한 분열의 산물이 아니라, 오직 전능한 하나님의 말씀으로 이루어진 창조다. 하나님은 죽지 않으셨고, 분열되지 않으셨다.

그분은 질서를 만드시고, 선을 창조하시고, 사람을 하나님의 형상대로 지으셨다. "하나님이 자기 형상 곧 하나님의 형상대로 사람을 창조하시되…."(창 1:27)
하나님의 창조는 고통과 폭력이 아닌, 사랑과 질서, 자유와 교제가 시작된 기쁨의 열매였다. 인간은 두려움에 순응하는 존재가 아니라, 창조주의 교제 속에서 자유와 책임을 누릴 수 있도록 지음받은 존재였다.

이처럼 다수의 신화는 창조를 죽음과 분열, 해체의 결과로 묘사함으로써, 참 창조의 본질을 왜곡해 왔다. 이 왜곡은 여전히 진행 중이다. 과학과 철학, 심리학과 예술이 신화의 자리를 이어받았고, 창조 없는 창조 이야기들이 넘쳐난다. 그러나 창조의 기억은 왜곡될지언정 지워지지는 않는다.

하나님은 여전히 말씀하신다. "나 여호와가 세상을 창조하였고, 사람을 지었으며… 나는 여호와라. 나 외에 다른 이가 없느니라."(이사야 45:12, 18, 21)

신화와 예배의 왜곡

신화가 만들어낸 창조 이야기는 단지 고대의 신화적 상상에 머무르지 않는다. 그것은 사람들의 마음과 삶, 그리고 예배의 형태를 결정짓는 근본적인 세계관이 되었다.

사람들은 자신의 욕망에 맞는 신을 창조주로 세웠고, 그 신을 경배했다. 예배는 하나님께 향하지 않고, 오히려 인간의 욕망과 두려움, 권력과 만족을 충족시키는 도구로 전락했다.[19]

이러한 중심은 오늘날 예배의 실제 모습 속에서도 분명히 드러난다. 예배가 '내 감정에 맞는', '내 상처를 치유하는', '내 욕망을 충족하는' 자기중심적 소비 행위로 변질되었다면, 그 예배는 이미 참된 하나님 경배가 아니다. 그것은 '바벨탑 쌓기'와 다르지 않다. 자기 자신을 높이려는 인간의 욕망이 신을 대체한 것이다. 그러나 참된 예배는 오직 창조주 하나님께로 향한다. "우리는 보이지 아니하는 하나님을 보이는 이들처럼 항상 경외함으로 하나님께 예배하자."(히브리서 12:28)

예배는 '하나님께 드리는 응답'이며, 그분이 주권자 되심을 인정하는 삶의 방식이다. 그 예배는 허상에 붙잡힌 영혼이 아닌, 자유함과 진리를 누리는 성도의 반응이다. 우리가 경배해야 할 참된 창조주는, 혼돈에서 태어나거나 죽음을 겪지 않으며, 인간의 욕망에 따라 변화하지 않고, 오직 말씀으로 만물을 다스리시는 살아 계신 하나님이다.

이 진리를 기억할 때, 우리의 예배는 왜곡된 신화와 바벨의 정신에서 벗어나, 창조주의 거룩하신 임재 앞에 나아가는 참된 회복의 길이 된다.[20]

바벨의 신화를 넘어서

우리 사회와 교회는 여전히 바벨의 신화와 그 왜곡된 창조 이야기에 깊이 물들어 있다. 이 신화는 창조주 하나님을 지워 버리고, 인간과 피조물을 신격화하는 우상 숭배로 귀결된다. 철학과 문화는 이 왜곡을 체계화하고, 현대의 다양한 종교와 영성은 그것을 포장하여 더욱 광범위하게 퍼뜨리고 있다.[21]

그러나 신화에 등장하는 신들을 보면, 시기와 질투, 욕망과 탐욕 등 인간과 다를 바 없는 심리적 갈등과 불완전함을 보인다. 신들이 인간과 다를 바 없다면, 왜 굳이 그들을 '신'으로 섬겨야 하는가? 이것은 거짓 신들이 결국 인간이 만들어낸 투사이자, 존재론적 불안을 위로하려는 허상에 불과함을 드러낸다.

성경은 분명히 선포한다. "나는 여호와라, 나 외에 다른 이가 없느니라."(사 45:5) 오직 이 한 분 하나님만이 참된 창조주이시며, 온 우주와 역사를 주관하신다.

우리가 당면한 현실은 명백하다. 거짓 신화와 우상 숭배의 틀에서 벗어나 참 하나님께로 돌아서는 길만이 진정한 회복과 구원의 길이다. 하나님께서 선포하신 그 말씀 위에 우리의 신앙과 예배가 견고히 서야 한다.

바벨의 정신을 넘어, 하나님 중심의 세계관과 예배를 회복하는 일이 오늘날 교회의 가장 시급한 과제임을 잊어서는 안 된다. 그 길을 걷는 자만이 진정한 자유와 생명을 누리게 될 것이다.[22]

III.
철학이 설계한 바벨 문화의 부활

플라톤, 철학이 세운 신화 질서(New Order World)

그리스인들에게 신화는 단순한 전설이나 민담이 아니었다. 그것은 곧 세계관이었고, 삶의 질서를 설명하는 힘을 의인화한 존재였으며, 인간의 감정과 자연의 현상을 통제하는 신적 질서의 상징이었다. 하지만 이러한 신화는 시간이 지나며 새로운 형태로 변형되었다. 플라톤은 신화를 단순히 미신으로 여기지 않았고, 오히려 그것을 철학적으로 재구성하고자 했다. 제우스, 아폴론, 아르테미스, 아프로디테와 같은 신들은 바람, 번개, 생식력, 음악, 전쟁 같은 힘들을 상징하며, 사람들의 삶과 질서를 설명해 주는 신적 매개체였다.

그는 보이는 세계 너머에 있는 '진짜 세계'를 추구했고, '이데아 이론'을 통해 감각 세계는 불완전한 그림자일 뿐이며, 참된 실재는 영원불변한 이상세계에 있다고 주장했다. 그는 신화에 철학의 옷을 입혔고, 철학에 신화의 구조를 불어넣었다.[1]

플라톤에게 신화는 단순한 허구가 아니라, 인간이 다가갈 수 없는 세계를 설명하는 교육적 장치였다. 그는 신화 속 이야기를 철학적 개념으로 해석함으로써, 인간의 삶을 초월적 질서와 연결하려 했다. 이러한 시도는 신화를 단순한 전승에서 벗어나, 정치와 윤리, 교육의 영역까지 확장시켰다. 결국 신화는 그의 손에서 단순한 이야기의 수준을 넘어, 세계를 이해하고 통치 질서를 정당화하는 철학적 기초로 자리 잡았다.

철학으로 포장된 신화

그리스인들은 신화의 껍질을 벗기고 그 안에 숨겨진 '이데아의 세계', 보이지 않는 참된 질서를 보려 했다. 이 철학적 시도는 플라톤에서 절정을 이루었다. 그는 '진짜 현실'은 감각으로 보이는 이 세상이 아니라, 이상적인 본질이 존재하는 보이지 않는 세계라고 말했다. 말하자면 이 땅의 모든 것은 그 '본질'의 그림자일 뿐이었다.

플라톤에게 있어 신화는 단순한 조상들의 우화가 아니었다. 그것은 '진리로 가는 길'이었다. 그는 〈국가〉에서 수많은 신화를 정치 철학적 메시지로 재구성했다. 대표적으로 '동굴의 비유'나 '에르의 신화'는 철학을 초월적으로 정당화하려는 수단이었다. 이 신화는 단순히 과거를 기억하는 도구가 아니라, 현재의 질서를 정당화하는 종교적 통치 장치였다. 플라톤은 신화를 통해 '누가 통치해야 하는가.'에 대한 철학적 대답을 제시했고, 그 통치는 종교와 밀접하게 연결되었다.[2]

결국, 플라톤주의는 신화를 '합리화'하고 '영속화'함으로써 신화 자체를 제거하기보다 더 강화시켰다. 신화는 미신이 아니라, 선택된 철학자들만이 해석할 수 있는 '비밀 코드'처럼 작동했다. 플라톤주의는 이후 헬레니즘 세계를 지배한 철학적 구조가 된다. 물질은 악하고, 영은 선하다는 이원론은 플라톤 이후 신피타고라스 학파, 신플라톤주의로 이어지며 깊은 문화적 뿌리를 내렸다.[3] 한편, 신의 존재를 부정한 마르크스의 유물론조차도 '물질만이 실재'라는 방식으로 플라톤주의의 이원론적 구도를 역으로 재현한 그림자라고 할 수 있다.[4]

그들에게 '해방'은 육체로부터의 해방이었고, '구원'은 이상세계로의 상승이었다. 이러한 '육체로부터의 해방' 개념은 훗날 안토니오 그람시의 문화 헤게모니 이론과 결합되었다. 성(性)을 억압의 구조로 보고 그것으로부터 해방하려는 성(性)혁명 이데올로기로 발전했다. 이는 결국 젠더 이데올로기의 철학적 토대를 이루게 된다.[5] 이처럼 철학은 인간의 자아를 구원하는 신화가 되었고, 그 구조는 고대 이방 제국들의 종교와 정치를 떠받치는 이상적 설계도가 된다.

문제는 이러한 사상이 단지 고대의 일이 아니라는 점이다. 플라톤주의는 중세 교회 신학에도 깊이 스며들었고, 종교개혁 이후에도 다양한 방식으로 재등장해 왔다. 심지어 오늘날 교회 안에서도 '영적인 것만 중요하다.'는 구호로 다시 살아나며, 문화, 예술, 육체, 노동, 정치와 같은 현실 영역을 '세속적'이라 낙인찍는 풍조로 이어지고 있다. 하지만 성경은 창조 세계를 '심히 좋았다.'고 선언하셨고, 인간은 흙과 영으로 지어진 전인적 존재다.

이데아로 구조화된 신화 vs 생명을 건 바울의 복음

바울은 이런 문화의 중심, 아테네에 섰다. 수많은 신들이 넘쳐나던 도시였지만, 정작 '참 하나님'은 그들 사이에 없었다. '알지 못하는 신에게' 바쳐진 제단은 바울에게 복음을 선포할 기회였다. 그는 철학자들과 대화했지만, 그것은 단순한 지적 논쟁이 아니었다. 그것은 하나님의 계시와 인간의 지혜 사이에 벌어진 영적 전쟁이었다.[6]

아테네 사람들은 새로운 사상을 좋아했지만, 진리에 대해선 무관심했다. 그들이 '로고스'를 논할 때, 바울은 그 로고스가 육신이 되어 이 땅에 오신 예수를 전했다. 철학자들이 조롱했던 것은 바로 그것이었다. 죽은 자의 부활이라는 '비합리적' 복음. 이성으로 포장된 도시 한가운데서 바울은 복음의 '어리석음'을 외쳤다.

바울은 철학자들의 언어를 빌려왔지만, 그들의 세계관 자체를 꿰뚫었다. 그는 단지 설득하려 한 것이 아니라, 견고한 진을 무너뜨리려 했다.

> 우리는 우리의 무기를 가지고 이론과 하나님을 아는 것을 대적하여 높아진 모든 것을 무너뜨리며 모든 생각을 사로잡아 그리스도에게 복종하게 하니.(고후 10:5)

철학이라는 이름의 신화는 인간의 지혜로 하나님을 대신하려는 시도였다. 바울은 철학과 미신, 종교와 문화가 만들어낸 그 견고한 구조에 복음을 대항시킨 것이다.[7]

교회 안으로 들어온 신플라토닉 세계관

그러나 그리스도인은 바울처럼 철학을 넘어서려 하기보다, 때로는 그 틀 안에 안주해 왔다. 중세 가톨릭은 플라톤주의와 아리스토텔레스 주의를 신학화하며, 육체를 천시하고 수도원의 금욕주의를 '영성'이라 부르게 되었다.[8] 사제는 결혼하지 않아야 하고, 음악이나 미술은 금욕의 대상으로 여겨졌으며, 평신도의 일상은 영적인 가치로부터 멀어졌다.

지금도 여전히 이러한 분위기는 여전히 존재한다. '기도가 중요하지,

예술은 세속적이야.', '정치는 더러운 거야, 우리는 하늘의 시민이니까.' 이런 말들은 익숙하지만, 플라톤적 이원론의 영향이다. 그러나 성경은 '먹든지 마시든지 다 하나님의 영광을 위하여 하라.'고 말씀하신다. 예배와 삶, 영과 육, 성과 정치, 교회와 문화는 나눌 수 없다.

신플라토닉주의란, 영을 높이고 육을 경시하는 이원론적 세계관이다. 이는 금욕주의나 염세주의, 혹은 반(反)문화적 기독교로도 나타난다. 인간의 감정, 몸, 성(性), 공동체와 정치 등은 더럽고 악한 것으로 취급되고, '오직 영적 세계'만이 거룩한 것으로 받아들여진다. 그러나 하나님은 인간을 몸과 영으로 창조하셨고, 그분의 아들은 육신을 입고 오셨다.

신플라토닉주의는 '현실 세계를 포기하고 도피하는 기독교'를 만든다. 이 사상은 결국 교회를 공적 책임에서 후퇴시켰고, 정교분리를 신앙 도피의 근거로 오해하게 하여, 민족과 국가를 위한 기도마저 침묵하게 만들었다.[9] 이 흐름은 예배, 교회 구조, 성(性)윤리, 문화관에까지 영향을 끼친다. 결국 문화 전쟁에서 싸우지 않고 피하는 교회, 세상을 '버리고' 하늘만 바라보는 교회를 만든다. 하지만 성경은 그렇게 말하지 않는다.

플라톤과 신화, 바울과 복음의 격전지

바울은 철학을 논박하려 하지 않았다. 그는 복음을 선포했다. 고린도에서는 "예수 그리스도와 그가 십자가에 못 박히신 것 외에는 아무것도 알지 않기로 작정하였다."(고전 2:2)고 고백했다. 그는 '지혜를 따르는 자들' 사이에서 복음의 단순함을 붙들었다.[10]

여전히 우리는 선택의 갈림길에 있다. 신화와 철학이 뒤섞인 세속적 세계관 속에서, 우리는 바울처럼 십자가의 어리석음을 전할 것인가, 아니면 신화적 질서를 변형해 기독교를 순화시킬 것인가. 문화 속에서, 예배 속에서, 교육과 정치, 젠더와 예술 속에서 이 싸움은 여전히 계속되고 있다. 지금도 우리는 문화전쟁 속에서 살아간다.

이 전쟁은 단순히 정치적 이데올로기나 윤리의 문제가 아니다. 그것은 인간이 하나님 없이도 질서를 만들고, 구원을 이루며, 선함을 재정의하려는 시도다. 그리고 그 뿌리는 플라톤에서 시작된 오래된 신화적 질서 속에 있다.

문화는 언제나 예배의 반영이며, 예배는 마음이 향하는 곳이자, 마음이 머무는 자리다. 신학은 언제나 철학과의 싸움이었다. 그 싸움의 무기를 잃어버린 교회는 문화 속으로 잠식되어 간다.

지금 우리가 다시 싸워야 할 이유는 단지 철학적 구분 때문이 아니라, 그 철학이 만들어 내는 세계관이 여전히 신을 대체하기 때문이다. 바울은 아레오바고에서 문화의 정점에 복음을 들고 섰다. 그리고 우리 역시 그렇게 서야 한다.

신화의 허용이 가져온 혼합주의

로마 제국이 무너진 후에도 신화의 구조는 사라지지 않았다. 오히려 기독교와 결합되어 새로운 형태의 '성속 혼합'으로 작동하기 시작했다.

북유럽 신화는 그리스-로마의 신격 구조를 거의 그대로 반영했다. 오딘, 토르, 프레이야 등은 이름만 다를 뿐, 역할과 기능은 헬레니즘 신들과 놀라울 정도로 유사했다.[11]

오딘은 지혜와 죽음의 신으로, 나무에 자신을 매단 자기희생의 이미지와 룬 문자의 창조자라는 상징을 지녔다. 그는 시와 전쟁의 수호자이며, 사제와 왕을 아우르는 이중 권위의 상징이었다.[12]

토르는 전쟁과 번개의 신으로, 망치 묠니르를 통해 혼돈을 물리치고 질서를 수호하는 전사의 이미지로 그려졌다. 그의 존재는 민족의 방어자이자 왕권의 정당성을 대변하는 상징이었다.

프레이야는 사랑과 출산, 죽음과 전쟁을 동시에 관장하는 모순적 힘의 화신이었다. 그녀는 죽은 자의 영혼을 인도하는 전사의 여왕이자, 풍요와 희생을 동시에 요구하는 존재로 숭배되었다.

　이들의 신화는 곧 왕권과 민족 정체성, 전쟁과 축제의 기반이 되었고, 여전히 문화적 제단의 핵심 축으로 기능했다. 로마 제국이 무너진 후에도 신화의 구조는 사라지지 않았다.
　오히려 기독교와 결합되어 새로운 형태의 '성속 혼합'으로 작동하기 시작했다. 북유럽과 중세 유럽은 고대 신화를 단절시키기보다, 기독교적 외피 안에 그 상징과 구조를 교묘히 흡수하며 문화와 민속의 일부로 재편해 갔다.
　토르는 전쟁과 번개의 신으로서 망치 묠니르를 통해 질서를 수호하고 혼돈을 물리치는 신적 전사였으며, 그의 이미지는 곧 민족적 방어와 왕권의 정당성을 대표하는 상징으로 기능했다. 프레이야는 사랑과 출산의 여신일 뿐 아니라, 죽은 자의 영혼을 반으로 나누어 데려가는 전사의 여왕이기도 했다. 그녀는 단순한 낭만적 여신이 아니라 삶과 죽음, 다산과 전쟁을 동시에 관장하는 모순적 힘의 총체로, 풍요와 희생을 동시에 요구하는 존재였다.

　이들의 신화는 단순한 이야기 차원을 넘어서, 왕권의 신성함을 정당화하고 민족의 기원과 전통을 규명하며, 전쟁과 축제, 연중 의례의 근거로 사용되었다. 기독교가 외형상 문화의 중심으로 떠올랐을지라도, 이러한 신화는 여전히 지역 민속과 문화, 축제와 국가 의례의 깊은 뿌리로 남아 있었다. 신전은 성당으로 바뀌었고, 신들의 이름은 바뀌었지만, 기능은 그대로 유지되었다.[13] 즉, 신화는 구조만 바꾸어 계속 살아남았고, 이러한 혼합주의야말로 교회가 가장 경계해야 할 '보이지 않는 바알'이었다.

콘스탄티누스의 전략은 복음을 종교로…

기독교가 로마 제국의 공인 종교가 된 것은 콘스탄티누스 황제의 정치적 결정에 따른 것이었다. 그는 핍박받던 지하교회, '카타콤'을 지상으로 끌어올렸고, 제국의 통치 질서 안에 신앙을 제도화했다. 그러나 이 공인은 신앙의 회복이 아니라, 신앙의 재구조화였다. 콘스탄티누스가 승인한 교회는 초대 교회의 순수하고 순결한 예배 공동체라기보다, 로마 제국의 정치적 안정과 문화적 통합을 위한 '공적 종교 체계'였다. 그 기반은 그리스-로마의 세계관, 신화, 헬레니즘 철학 위에 세워졌고, 이교적 구조를 제거하기보다 재배치하고 덧씌우는 방식으로 수용했다.

콘스탄티누스는 밀비안 다리 전투(AD 312)를 앞두고 '이 형상 안에서 정복하리라(In hoc signo vinces)'는 음성과 함께 십자가 환상을 보았다고 주장했다. 그는 이를 신적 계시로 받아들였고, 이후 로마 군대의 깃발에는 십자가 대신 태양신 상징과 크리스트그램(☧)이 결합된 문양이 새겨졌다.[14] 그러나 그가 본 십자가는 성경이 말하는 죄와 구속의 십자가가 아니라, 태양 숭배 전통에서 유래한 상징적 형상이었다.[15]

그의 어머니 헬레나는 훗날 성지 순례 중 '참된 십자가'를 발견했다고 주장하며, 로마 교회는 그 유물을 성물로 숭배하게 되었다. 그러나 이러한 전통은 말씀보다 체험에, 복음보다 유물과 상징에 집중함으로써 점차 복음의 본질을 흐리게 했다. 로마 교회(카톨릭)는 태양신 숭배에서 유래한 상징들을 단순한 전통으로 받아들인 것이 아니라, 그것들을 성물로 여기고 숭배의 대상으로 삼기 시작했다. 이 모든 전통은 결국 성경적 예배가 아닌 혼합주의적 요소들이 결합된 성물 숭배로 제도화되었고, 지금도 교황의 삼중관, 태양 광선형 성체, 이교 절기 유래의 예배력 등으로 그 흔적이 남아 있다.[16]

그 정점이 바로 니케아 공의회였다. 이 회의는 삼위일체 교리를 공표하며 신학의 전환점이 되었지만, 동시에 여호와께서 "영원한 규례로 지키라." 하신 절기인 〈안식일, 유월절, 무교절, 초실절, 오순절, 나팔절, 속죄일, 초막절〉 등을 체계적으로 폐하고, 그 자리를 콘스탄티누스가 숭배하던 태양신(Sol Invictus)과 로마 제국의 다신교 전통에서 비롯된 이방 절기로 대체하는 결정이 내려진 회의이기도 했다.[17]

예컨대 부활절은 고대 다산 여신 이슈타르(Easter)를 기리는 봄철 생명 축제에서 유래했으며, 성탄절은 로마의 태양신 축제인 동지절(Sol Invictus)에서 비롯되었다. 성경 어디에도 없는 절기들이 교회의 중심 예배력으로 채워졌고, 여호와의 절기들은 점차 역사 속에서 흔적 없이 사라졌다.[18]

그러나 이러한 절기의 수용은 단순한 문화 교류나 시대적 필요의 산물이 아니었다. 하나님께서 가증히 여기신 이방 신들의 숭배 전통을 예배 안으로 끌어들인, 명백한 영적 타협이자 배도였다. 에스겔 선지자는 성전 안에서 "담무스를 위하여 애곡하는 여인들."(겔 8:14)을 보았고, 하나님은 이를 심히 가증한 일이라 선언하셨다. 담무스는 바벨론 태양신 니므롯의 환생으로 여겨졌고, 이교의 부활 신화와 연결된 존재였다.

그 결과 교회는 하나님의 말씀보다 콘스탄티누스의 명령을, 성경의 진리보다 공의회의 정치적 결정을 따르게 되었다.

콘스탄티누스의 계략으로
여호와 절기가 이방 절기로 종교화되다

이러한 절기의 교체는 단순한 날짜 변경이 아니었다. 그것은 예배의 구조와 상징 전체를 바꾸는 본질적 전환이었다. 로마 교회(가톨릭)는 태양신 숭배의 유산을 단순한 전통이 아닌 성물로 숭배하며 신성시했고, 이는 예배의 방향성과 중심마저 왜곡시키는 결과를 낳았다.

대표적으로, 성체광선형 성작(Monstrance)은 중심에 둥근 성체(빵)를 배치하고 주변에 태양 광선 문양을 두른 형태로 되어 있다. 이는 로마의 태양신 '솔 인빅투스(Sol Invictus)'를 상징하는 형상과 매우 유사하며, 단순한 도안이 아니라 이방 신화의 시각적 유산이 교회 의식 속으로 흡수된 사례이다.

또한 교황의 삼중관(Tiara)은 고대 바벨론 제사장 왕의 상징에서 유래되었으며, 왕권·제사권·예언권을 인간이 모두 소유하는 것을 의미한다. 이는 오직 그리스도께만 속한 통치를 인간이 모방한 것으로, 교회의 머리는 그리스도이시며, 다른 중보자는 존재하지 않는다는 복음의 본질과 충돌한다.

더불어 로마 가톨릭의 예배력 자체가 성경의 절기가 아닌 태양력을 기준으로 구성되었다는 점은 매우 주목할 만하다. 대표적으로 12월 25일 성탄절은 '솔 인빅투스(Sol Invictus, 정복할 수 없는 태양)'의 탄신일, 즉 태양신 니므롯-담무스의 부활을 기념하던 동지절에서 기원했다.

마찬가지로 부활절(Easter)은 다산과 다산의 여신 이슈타르(Ishtar)를 기리는 이교적 봄철 축제와 연결된다. '이스터'라는 이름 자체가 이슈타르의 영어식 전사이며, 부활절에 사용하는 계란과 토끼 등의 상징도 생명과 다산을 상징하던 이교 제의에서 비롯된 것이다. 예수 그리스도의 부활과 신앙적으로 연결되지 않음에도 불구하고, 오늘날 교회와 목회는 그것을 무비판적으로 수용하고 있다.

이러한 혼합은 단순한 전통 수용을 넘어, 예배의 방향과 중심을 이방 문화에 내어 준 것이며, 결과적으로 성경적 예배력을 대체하는 데 일조했다.

이처럼 이교 상징과 신화적 기호들까지 교회 안에 제도화되었다. 결과적으로 교회는 하나님의 말씀과 절기 대신, 이방 문화와 형상을 '기독교화'한 혼합주의의 길을 걸었다고 할 수 있다. 어쩌면 카타콤의 순수한 초대교회는, 콘스탄티누스의 제도화 속에서 그 순결성을 잃고, 혼합주의를 잉태한 채 공인된 교회 체제의 출발점을 맞이했는지도 모른다.

현대 교회는 부활절과 크리스마스를 교회의 상징이라고 주장하며, 그로 인해 돌이키기를 여전히 거부한다. 이는 로마 교회(가톨릭)와 혼합을 사실상 수용한 것이며, 신앙의 타협이다. 이 시대 교회가 하나님 앞에서 구별되지 못하고 배도에 빠지는 것은 어쩌면 당연한 결과이다. 마지막 시대를 살아가는 지금, 더 이상의 혼합은 결코, 용납될 수 없다. 구별과 분별 없이는, 교회도 예배도 결코 회복될 수 없다.

구별을 잃은 교회

이것은 단지 절기의 문제가 아니다. 절기는 시간의 흐름을 기념하는 날이 아니라, 하나님을 기억하고 하나님을 기뻐하며 하나님의 능력을 누리는 '영적 시간'이다. 여호와의 절기는 하나님께서 친히 제정하셨고, "영원한 규례로 대대로 지킬지니라."(출애굽기 12장 14절)고 명하신 거룩한 제도였다. 그것은 백성의 힘이었고, 예배의 리듬이었으며, 하나님의 구속사를 기억하고 살아가는 시간적 예전(禮典)이었다.

그러나 교회는 이 절기를 버렸고, 이방의 문화와 절기를 '기독교화'하는 전략을 채택했다. 이는 단지 외형의 문제를 넘어서, 예배의 방향성과 문화의 중심이 무엇인가라는 보다 본질적인 질문을 제기한다. 그리하여 교회는 구별됨을 잃고, 혼합의 문화를 받아들이는 데 앞장섰다.

결국 이것은 이방 문화를 종교화하고, 하나님 없는 질서를 '거룩'이라는 이름으로 세우려는 역사적 시도였다. 여호와를 기억하라는 하나님의 명령은 지워졌고, 그 자리를 태양신과 생명신, 풍요신을 섬기던 고대의 의례와 절차들이 차지했다.

이방 문화들은 지금도 자신들의 절기를 철저히 지키며 전통을 보존하고 있다. 그런데 순결을 외친 기독교는 정작 하나님이 명하신 절기를 외면하고, 오히려 이방의 절기를 교회의 예배력 중심에 배치하는 데 익숙해졌다. 아이러니하게도 현실은 절기의 영적 본질을 다시 묻게 하며 그 중요성을 깨닫게 한다.

예배 개혁은 신화를 무너뜨리는 복음의 행위다

이 시대의 가장 큰 위기는, 진리의 왜곡이 '교회 권위'라는 이름 아래 신성화되었다는 데 있다. 그 왜곡은 단순한 미신의 반복이 아니라, 하나님을 대체한 '종교적 신화 구조'가 교회 안에 제도화된 현실이다. 종교개혁은 바로 이 질서에 대한 신학적 저항이었다.

마르틴 루터와 존 칼빈은 '예배 개혁'을 통해 하나님과 복음 사이에 끼어든 모든 중보적 장치들, 곧 인간의 권위와 위계 구조, 그리고 전통화된 상징 체계를 걷어내고자 했다.[19] 그들은 신화적 구조를 해체하려는 철학자가 아니었지만, 결과적으로 예배를 통해 구축된 인간 중심의 의례 질서를 복음 앞에 무너뜨린 신학자들이었다.[20]

중세는 단지 신화가 사라진 시대가 아니라, 기독교와 이방적 신화가 절묘하게 혼합된 시대였다. 그 혼합은 교황권, 성인 숭배, 성물 존중과 같은 구조 안에서 제도화되었고, 오늘날에도 그것은 성직자 중심주의, 감정적 퍼포먼스, 이상화된 리더십 문화 속에서 새로운 이름으로 반복되고 있다.

하나님의 절기를 기억한다는 것은 단순한 유대교의 복귀가 아니다. 그것은 '구별된 시간 안에서 하나님과 올바른 관계를 다시 세우려는 예배의 회복'이다. 이 시대의 예배는 다시금 묻는다. 무엇이 하나님을 향한 것인가, 무엇이 인간 중심의 신화를 반복하고 있는가?

오늘의 예배가 다시 신화를 소비하고 있다

예배는 언제부터 다시 '인간의 이야기'를 중심에 두게 되었는가? 복음의 선언은 줄어들고, 감정을 중심으로 연출된 예배가 자리 잡고 있다. 그리고 그 감정의 고조와 미학적 구성 안에, 우리는 신화의 구조를 다시 교회 안으로 들여오고 있다.

오늘날의 예배는 하나님을 영화의 등장인물처럼 묘사하고, 인간을 과장된 영웅으로 세우며, 감성 중심의 설득과 퍼포먼스 중심의 구조로 기획된다. 그 결과 예배는 점점 '경배의 자리'가 아니라, '정체성 소비의 무대'가 되어간다.

이것은 새로운 신화를 만드는 일이다. 예배는 하나님을 만나는 공간이어야 하지만, 오늘의 무대는 '자기 서사의 정점'으로 하나님을 끌어다 쓰는 방식으로 변질되고 있다. 바벨의 언어는 무너졌지만, 그 정신은 '예배의 기획자'라는 이름으로 여전히 살아 있다.

따라서 지금 필요한 것은 단순한 음악적 절제가 아니다. 예배 안에 스며든 신화의 구조, 인간 중심의 상징 체계, 정서적 중심성과 정체성 과잉의 흐름을 꿰뚫어보고 다시 복음 앞에 무릎 꿇는 영적 해체 작업이 필요하다.

예배는 하나님을 감동시키는 무대가 아니라, 하나님의 말씀 앞에 부서지는 골방이다.

Sola Fide-오직 믿음, / Sola Scriptura-오직 성경

Nicaea의 첫 번째 의회의 프레스

IV.
정복된 여리고, 무너뜨리지 못한 바벨의 문화

작은 도성 여리고 거대한 신화의 도시국가

여리고는 작은 도시가 아니었다. 그것은 하나의 성읍이 아니라, 하나의 문명이었다. 고대 가나안은 '폴리스(polis)' 곧 정치와 종교, 경제가 융합된 도시국가들의 집합체였다.¹ 각 성읍은 독자적인 정체성과 체계를 갖추고 스스로를 방어했으며, 그 중심에는 늘 '신'이 자리했다. 신이 다스리는 도시국가였던 것이다.²

이 성읍들은 거대한 성벽으로 둘러싸여 있었고, 그 안에는 저장고와 곡물 창고, 정교한 관개 수로와 신전들이 질서 있게 배치되어 있었다.³ 이스라엘이 유랑하던 광야와는 비교할 수 없는 풍요와 질서, 그리고 무엇보다도 종교적 통합을 이룬 성이 존재했다. 여리고는 그런 가나안 문명의 관문이자, 상징이었다.

단지 전략적 요충지가 아니었다. 그것은 신들이 거처하는 장소였고, 그들에게 바쳐진 문명의 제단이었다. 이스라엘은 여리고 앞에서 단순한 도시와 마주한 것이 아니었다. 그들이 직면한 것은 문명화된 종교, 미화된 우상숭배, 그리고 정교하게 구축된 대체 신앙 체계였다. 여리고는 벽돌과 성곽으로 쌓아올린 신전국가(Temple-State)였으며, 가나안의 세계관과 질서가 고스란히 농축된 거대한 제의(祭儀)의 무대였다.⁴

그 문명의 뿌리를 더듬어 가면, 결국 바벨탑의 영혼에 닿는다. 하늘에 이르러 자기 이름을 내고자 했던 니므롯의 야망 곧 하나님의 자리를 탐하고 하나님과 같아지고자 했던 자기숭배의 영은 세대를 건너 문화의 형식으로 부활했고, 가나안의 성읍들, 특히 여리고에 그 결정체를 남겼다.⁵

그곳에서 행해지던 것은 단순한 생활이 아니라, 종교였고 예배였다.

문제는 그들의 제사 방식이었다. 이방 신전의 사제들은 신과의 교통을 명분 삼아 성행위를 제례화했고, 이를 신성한 의례로 포장했다. 그러나 그것은 결국 신의 뜻이 아니라, 인간의 욕망에 정당성을 부여한 환상이었다. 신전은 예배의 공간이라기보다, 신화적 질서를 빙자한 왜곡된 음란한 성의례의 현장이다.⁶

이와 같은 신전 사제들의 무분별한 성행위로 인해 성병이 만연했고, 고통받던 이들은 치유와 보호를 위해 부적을 의지했다. 처음에는 그것을 조각상처럼 손에 들고 다녔지만, 자주 잃어버리는 일이 있었고 이를 방지하기 위해 아예 몸에 문신으로 새기기 시작했다. 고대 사회에서 문신은 종종 질병, 특히 성병과 같은 생식 관련 질환의 치유와 예방을 위한 주술적 장치로 사용되었으며, 이것이 오늘날 타투의 기원 중 하나로 이어진다.

그 모든 화려함은 진리를 가장한 위장된 제의의 성소였고, 자기 이름을 높이고자 쌓아 올리고자 했던 권력욕, 물질의 풍요를 채워줄 것이라는 탐욕의 수단으로 물질적, 문화적 바벨탑이었다. 여리고는 단지 물리적으로 정복되어야 할 성이 아니라, 정신적으로 분리되어야 할 문명이었다. 무너져야 했던 것은 벽이 아니라 정신이었고, 파괴되어야 했던 것은 신상이 아니라 그 신들이 설계한 예배 질서였다.

몸에 새긴 신화, 기억된 질서 그리고 문신과 욕망

문신은 단지 고통의 흔적이 아니었다. 그것은 신의 소속과 권위 아래 들어갔다는 통제와 복종의 질서를 상징했다.[7] 고대 사회에서 문신은 주술적 보호를 넘어, 특정 신전 체계에 속한 자를 구별하는 표식으로 기능했다. 문양의 모양과 위치는 권력의 위계와 제의적 역할을 나타냈으며, 이는 곧 신화적 질서가 인간 육체에 각인된 상징 체계, 다시 말해 몸에 새긴 언어였다.[8]

시간이 흐르며 문신은 제의의 도구에서 상징으로, 상징에서 체제화된 문화로 전이되었다. 몸은 더 이상 단순한 예배의 수단이 아니라, 신화의 기억을 저장하는 매체가 되었고, 문신은 그 기억을 반복적으로 호출하는 시각적 언약이 되었다.[9] 그러나 복음은 이 구조와 정면으로 충돌한다.

복음은 '너희 몸은 하나님의 성전'이라 선언하며, 몸에 새긴 표식이 아니라 마음에 새긴 언약을 요구한다.

문신은 외면의 각인이지만, 복음은 내면의 변화다. 살아 있는 하나님의 말씀은 이제 돌판이 아닌 심령에 기록되는 언약이 되었다. 타투는 신을 소유하려 했던 인간 욕망의 흔적이자, 주술과 성의례에서 기원한 신화적 무의식이 깃든 문화 코드다.[10] 몸을 '메시지의 캔버스'로 삼는 자기표현의 수단이 되었고, 영화·게임·패션 등 대중문화 속 신화적 상징의 재포장을 통해 더욱 확산되고 있다.[11] 과거에는 범죄자나 조폭의 은밀한 표식이었지만, 지금은 오히려 '멋'과 '정체성'의 이름으로 공개적 전시와 소비의 대상이 되었다.

그러나 그 이면에는 진짜를 채우지 못한 허전함, 정체성의 불안과 소속의 결핍, 그리고 잊히지 않기 위한 몸의 각인 욕망이 자리하고 있다. 타투는 때로 공허를 덮는 의식, 혹은 불안을 견디기 위한 상징적 방패처럼 기능한다.[12] 몸에 새긴 문양은 개성의 언어처럼 보이지만, 그 안에는 '잊히지 않으려는 몸의 외침'이 숨어 있다. 어쩌면 우리는 지금도, 무너뜨리지 못한 바벨의 기호를 몸 위에 새기며 살아가고 있는지도 모른다.[13]

죽은 자의 혼을 타투로 몸에 담다

고대 이방 문화에서 문신은 단순한 장식이나 애도의 표현이 아니었다. 그것은 죽은 자의 영을 불러들이고, 그들과 교접하려는 주술적 통로이자 의례의 매개였다. 바벨론과 수메르, 이집트 등지에서는 죽은 신의 부활을 기원하는 성적 제의(hieros gamos)가 성행했고, 그 제의에 참여한 자들은 죽은 자의 이름이나 상징을 몸에 새김으로써 그 영과의 연합을 시각적으로 각인했다.[14] 이처럼 문신은 죽은 자의 세계와 연결되기를 원하는 영적 교섭의 표식이었다. 그것은 곧 몸 위에 열린 문(門)이었고, 그 문을 통해 죽은 자의 질서와 신화적 체계가 살아 있는 자의 삶 속으로 침투해 들어왔다. 바로 이러한 문화적 배경 속에서, 하나님은 이스라엘 백성에게 분명히 경고하셨다.

"죽은 자를 위하여 너희는 살을 베지 말며, 몸에 무늬를 놓지 말라. 나는 여호와니라."(레위기 19:28) 이 명령은 단순한 외적 금지가 아니라, 죽은 자와의 영적 교섭을 끊고 하나님과의 언약 안에 구별된 삶을 살라는 명백한 선포였다. 하나님의 백성은 죽은 자의 상징을 몸에 새기는 민족이 아니라, 말씀으로 구별된 거룩한 공동체여야 했다.

역사적으로 수메르와 바벨론의 신성 결혼 제의에서는 여사제와 왕이 성행위를 통해 죽은 신의 부활과 풍요를 재현했고, 이때 사용된 문신은 죽은 신과의 연합을 상징하는 부적이었다.[15] 이집트에서는 하토르(Hathor) 여신을 섬기던 여사제들이 배꼽 아래에 타원형 문양을 새겨, 죽은 자의 영과의 연결을 표현했다.[16] 이 문신은 주술적 보호이자 제의적 연합의 상징이었다. 즉, 이름을 기억하는 것이 아니라, 그 영을 불러들이고 소유하려는 영적 초대장이었던 것이다.

현대 사회에서 타투는 예술, 개성, 자유의 언어로 소비되지만, 그 이면에는 여전히 죽은 신들을 호출하려는 문화의 무의식이 흐른다. 몸에 새기는 문양은 개성처럼 보이지만, 때로는 잊히지 않으려는 혼의 외침, 혹은 영적 공허를 채우려는 무의식적 의례로 작동한다.[17]

그러나 복음은 이렇게 선포한다. "너희 몸은 너희가 하나님께로 부터 받은 바, 너희 가운데 계신 성령의 전인 줄을 알지 못하느냐 너희는 너희의 것이 아니라 값으로 산 것이 되었으니, 그런즉 너희 몸으로 하나님께 영광을 돌리라."(고린도전서 6:19-20)

몸은 더 이상 주술의 통로가 아니다. 그것은 성령이 거하시는 거룩한 처소이며, 하나님의 임재가 머무는 성전이다. 우리는 몸에 흔적을 새기는 시대를 벗어나, 심령에 하나님의 언약을 새기는 시대를 살아가야 한다.

문화는 칼보다 부드럽지만 날카로운 유혹으로 다가온다.
이 싸움은 더 이상 성벽과 칼의 전쟁이 아니었다. 예배의 순결을 지키기 위한 전쟁, 문화의 제단 앞에 엎드릴 것인가, 여호와의 제단 앞에 무릎 꿇을 것인가? 그 숨겨진 전쟁이 시작된 것이다. 성벽은 붕괴되었고, 신전은 불탔지만, 그 도시를 지탱하던 정신과 예배 질서는 여전히 살아 있었다. 이스라엘은 전쟁에서는 이겼지만, 정신의 전복과 내면의 전쟁에는 눈을 감았다.

문화는 침략보다 유혹으로 다가온다. 칼을 들지 않고 마음을 빼앗고, 창을 빼지 않고 세계관을 흔든다. 감성을 자극하고 선율로 취하게 하며, 유혹이라는 향기로 이성을 마비시킨다. 그것은 세련된 말과 유머, 화려한 이미지와 유행을 통해 삶의 기준을 바꾸고, 예배의 감도를 흐리게 만든다.

가나안의 곡식과 향료, 건축과 신화는 광야를 지나온 백성들의 감각을 사로잡았다. 굶주림 이후의 풍요, 불안정 이후의 정착, 방랑 이후의 문명이 눈에 찼고, 마음을 뒤흔들었다. 하나님의 명령은 분명했다. 가나안을 정복하라! 그러나 그들은 그 문화를 정복하는 대신 감탄했고, 그 감탄은 곧 경외로 바뀌었고, 그 경외는 산당 위의 신상 앞에 무릎 꿇는 예배로 타락했다.

　이 싸움은 더 이상 성벽과 칼의 전쟁이 아니었다. 그것은 진리의 전신갑주를 입고 마음의 성소를 지키는, 예배의 본질을 둘러싼 가장 거룩한 전쟁이었다. 스펄전이 말한 것처럼, 예배는 진리로 무장한 마음의 전복이며, 세상이 만든 거짓 신들을 무너뜨리는 가장 깊고도 거룩한 내면의 전투다.[18]

감탄은 경외로, 경외는 타락으로…

　이스라엘은 여리고의 문화를 정복하는 대신, 그 문화를 몸에 담고 생활에 담아 낯섦에서 익숙함으로 젖어가기 시작했다. 문화는 늘 그렇게 스며든다. 너무 부드러워서 경계를 잊게 만들고, 너무 달콤해서 순결을 놓치게 만들었다.

　문화는 단순한 삶의 양식이 아니라, 세계관의 산물이며 예배의 언어를 결정짓는 힘이다. 세계관이야말로 문화를 형성하는 그릇이며, 우리가 무엇을 믿느냐는 반드시 우리의 삶, 공동체, 그리고 예배 속에서 드러난다. 그 결정은 곧 마음의 중심을 잡고 구별된 예배의 방향과 대상을 좌우한다.

예배가 문화에 물들기 시작하면, 그 언어는 점점 하나님 중심에서 인간 중심으로, 그 대상은 창조주에서 피조물로 옮겨간다. 예배는 더 이상 하나님께 드리는 헌신이 아니라, 자기 감정의 해방과 정체성의 소비로 변질된다.

이것이 바로 삶 전체를 삼키는 문화의 정체성이며, 그 앞에서 우리는 영적 분별의 전쟁을 치러야 한다. 존 맥아더는 '진정한 예배는 예배자를 즐겁게 하기 위한 것이 아니라, 하나님을 기쁘시게 하기 위한 것이다. 예배는 삶의 한 부분이 아니라, 삶 전체에서 흘러나오는 헌신의 표현이다.'[19] 이 말은, 우리가 드리는 예배가 진정 누구를 위한 것인가 되묻는 예리한 물음표로 남는다.

예배의 언어가 바뀌면, 예배의 대상도 바뀐다

하나님을 경외하던 마음은, 점차 산당 위의 신상 앞에서 무릎을 꿇는 순종으로 타락했다. 바로 이것이 하나님께서 모든 것을 파괴하라 하신 이유였다. 여리고는 단지 물리적으로 정복되어야 할 성이 아니라, 정신적으로 분리되어야 할 문명이었다. 무너져야 했던 것은 벽이 아니라 정신이었고, 파괴되어야 했던 것은 신상이 아니라 그 신들이 설계한 예배 질서였다.[20]

그러나 이스라엘은 그 질서를 감탄했고, 결국 그 질서를 받아들였다. 광야에서 맺은 언약은 흔들리기 시작했고, 그들의 예배는 점점 가나안의 언어를 닮아갔다. 하나님의 이름은 여전히 불렸지만, 그 이름을 부르는 방식은 달라졌고, 그분께 드리는 제사는 점점 이방의 형식을 닮아갔다. 예배의 언어가 바뀌자, 예배의 대상도 흐려졌고, 결국 예배는 하나님을 위한 것이 아니라, 자기 감정과 문화적 감탄을 위한 제의로 전락했다.[21]

> 예배는 하나님을 높이는 것이지, 인간의 감정을 만족시키는 수단이 아니다. 예배의 중심이 하나님이 아닐 때, 우리는 이미 다른 신을 섬기고 있는 것이다.(존맥아더 예배 중)

이 싸움은 여리고의 전투에서 끝난 것이 아니라, 여리고 이후에 본격적으로 시작된 것이었다. 그것은 예배의 언어를 지키는 전쟁, 하나님의 질서를 보존하는 내면의 전투였다.[22]

V.
하나의 허용이
전체를 허물어 버리는 원리

무너진 제단, 누구를 찬양하고 있는가?

여리고는 무너졌고, 백성은 진격했다. 땅은 분배되었고, 장막은 성읍 안으로 옮겨졌다. 그러나 정복은 곧 완성을 의미하지 않았다. 땅을 차지했지만, 질서를 세우지 못했다. 성을 무너뜨렸지만, 문화는 정복되지 않았다. 이스라엘은 가나안을 물리쳤지만, 가나안 신들은 그들의 생활과 동경의 대상으로 마음속에 여전히 남아 있었다.

언약의 공동체가 이방의 풍속을 배우기 시작했고, 율법의 백성이 산당을 허용하기 시작했다.

그들이 무너뜨렸던 것은 성벽이었고, 그들을 무너뜨리게 한 시작은 하나님을 떠난 예배였다.[1]

산당은 처음부터 눈에 띄게 거대하지는 않았다. 그것은 지역 곳곳에 산재한 수많은 작은 제단들이었고, 공식 성전이 세워지기 전까지 어느 정도 용납되었다. 그리고 그 작은 허용은, 지금 우리의 삶에서도 반복된다.

작은 의심 하나를 허용하는 순간, 감정이 소용돌이치며, 마음을 괴롭

히고 꼬리에 꼬리를 문 생각은 마음의 경계를 무너뜨리고 영혼의 혼란을 심화시키며 무너지게 한다. 이처럼 산당도 작고 미미하게 시작되었지만, 결국 공동체 전체를 오염시켰다. 그렇게 마음의 성벽은 순식간에 허물어지고, 또 그렇게 세워진다. 이것이 영적 가나안 정복의 본질이다.

작고 사소한 허용이 공동체 전체를 무너뜨리는 본질적인 문제는 '어디서'가 아니라 '어떻게' 예배하느냐에 달려 있었고, 하나님께서 원하신 것은 신령과 진정으로 자원하는 중심이 담긴 예배였다. 그러나 이스라엘은 그 자원함으로 오히려 이방 산당을 늘려 갔으며, 그 안에서의 종교적 예배는 점점 익숙해졌다. 공동체를 향하던 예배는 점차 개인의 편의와 취향으로 분열되어 갔다. 하나님의 질서는 깨어졌고, 백성은 자기가 옳게 여기는 방식대로 예배하기 시작했다. 산당은 왜곡된 예배 질서의 상징이었고, 문화적 혼종과 영적 타락의 온상이었다.[2]

그들은 여호와의 제단과 가나안의 산당 사이에서 방황하고 있었다. 눈에 보이는 전쟁은 끝났지만, 그보다 더 치열한 진짜 전쟁은 오히려 그들 안에서 시작되고 있었다. 전쟁을 이기기 위해 필요한 것은 칼이 아닌 영적 무장이었다. 그렇게 제사(예배)를 둘러싼 영적 전쟁의 서막이 열렸다. 그 전쟁의 승패는 성전이 아닌, 마음의 제단 위에서 결정된다.[3]

여호와는 종교행위로 밀어두고, 생활은 바알에게 적시다

가나안 정복 후 여자와 아이까지 모두 전멸시키라 하신 하나님의 명령은 인본주의적 세계관으로 보면 무지하고 잔인하게 비춰진다. 이 문제는 단순히 감성적으로 접근할 문제도 영역도 아니다. 이것은 단순한 민족 전쟁이 아니라, 예배의 순결과 언약의 정체성을 지키기 위한 영적 전쟁이었기 때문이다.[4]

> 너희가 만일 그 땅의 거민을 너희 앞에서 몰아내지 아니하면, 너희가 남겨둔 자들이 너희의 눈에 가시가 되며, 너희의 옆구리에 찔리는 것이 되어 너희가 거하는 땅에서 너희를 괴롭게 할 것이요.(민33장 55절)

누구보다 사람의 마음을 잘 아시는 하나님께서, 당신의 택하신 민족을 살리기 위한 특단의 조치였던 것이다. 그러나 정복은 완결되지 않았다. 하나님께서 명하신 전멸 대신, 인본주의적 연민과 타협이 그 자리를 대신했다.[5]

이스라엘은 가나안 족속을 남겨 두었고, 그 땅을 차지하면서도 자기도 모르는 사이에 그들의 삶의 방식과 가치관에 물들어가기 시작했다.

그들이 남긴 세계관과 정서는 여전히 그곳을 지배했고, 불순종의 결과는 처참했다. 가나안 족속의 전멸은 단순한 보복이 아니라, 죄의 구조를 뿌리째 뽑으려는 하나님의 처방이었다. 인본주의 세계관은 이를 잔인한 명령이라 평가하지만, 신본주의 세계관은 이 엄격함 속에 담긴 하나님의 전적인 지혜와 보호하심의 은혜이다. 하나님은 단지 여자와 아이까지의 전멸에 초점을 두신 것이 아니라, 백성을 삼키는 죄의 문화와 구조 자체를 제거하길 원하셨다.[6]

> 너희 하나님 여호와께서 이 민족들을 너희 목전에서 다시는 쫓아내지 아니하시리니, 그들이 너희에게 올무가 되며 덫이 되며 너희의 옆구리에 채찍이 되며 너희의 눈에 가시가 되어서, 너희가 마침내 너희의 하나님 여호와께서 너희에게 주신 이 아름다운 땅에서 멸하리라.(수 23장 13절)

땅은 정복하였으나 문화는 점령당했다

땅의 정복은 실현되었으나, 정작 무너져야 했던 그들의 문화와 정서, 곧 가나안의 '삶의 체계'는 여전히 건재했다. 하지만 그 체계는 뿌리 깊었고, 미혹은 교묘했다. 이스라엘 백성은 그들의 언어를 동경했고, 그들의 아름다움을 흠모하였으며 그것을 닮기 시작했다. 그들은 점점 광야의 기억을 잊고, 가나안의 정서에 길들여져 갔다.

믿음은 감성이 아닌 결단이다. 감성에 젖어 허용한 대가로 돌 위에 돌 하나도 남김없이 성벽이 무너졌고, 이스라엘이라는 나라는 지도상에서 사라지는 위기를 맞았다.
더 심각한 문제는, 그 문화가 단지 '기술'이나 '양식'에 머무르지 않았다는 것이다. 가나안의 건축은 그들의 신을 위한 집이었고, 가나안의 곡식은 그들의 제사에 바쳐지던 예물이었으며, 가나안의 예술은 그들의 신화를 형상화한 예배의 도구였다.

이러한 문화의 본질은 고대 신화가 활발했던 문명들에서도 분명히 드러난다. 예컨대 메소포타미아와 이집트의 궁전과 신전은 신의 권능을 찬양하는 벽화와 조각들로 채워졌고, 우르와 바벨론의 지구라트는 신을 위한 계단형 신전으로 건축되었다.[7] 이집트의 파라오들은 신의 현현으로 여겨졌으며, 그 장례용 마스크와 피라미드는 신적 권위를 시각화한 문화의 정수였다.[8] 고대의 예술과 기술은 단순한 미적 표현이 아니라, 신을 향한 찬양이자 예배였다.

이스라엘은 그런 화려한 문화에 감탄했고, 감탄은 모방을 낳고, 모방은 곧 내면의 변질을 가져왔다. 문화적 수용은 단순한 외적 흡수가 아니라, 내면의 중심 좌표를 바꾸는 일이었다. 예배의 언어가 달라졌고,

삶의 질서가 뒤틀리기 시작했다.

하나님 중심의 질서에 균열이 생기면서, 백성은 혼합된 삶에 안주하기 시작했다. 가나안의 문명은 뛰어났고, 그들의 도시는 세련되었으며, 그들의 의복과 장신구, 음악과 문학은 충분히 매혹적이었다. 이스라엘은 그 모든 것을 '중립적인 문화'로 여겼으나, 그들이 말한 '중립'은 사실상 혼합주의를 정당화하려는 자기합리화에 지나지 않았다.[9]

왜냐하면 문화는 결코 중립적이지 않기 때문이다. 세계관이 문화를 담는 그릇이기에, 그 문화는 결국 다양한 신과 가치들로 향할 수밖에 없다.[10] 이스라엘이 가나안의 문화를 받아들이기 시작한 순간, 그들의 예배도 그 문화를 통해 조율되기 시작했고, 광야의 훈련도 모세의 마지막 당부도 점차 희미해져 갔다. 그것은 단순한 문화 수용이 아니었다. 예배의 혼종이었고, 삶의 방향을 바꾸는 전환점이었다.[11]

이러한 흐름은 오늘 우리 안에서도 반복되고 있다. 진리를 말하는 자리에 서면 언제나 '너무 극단적이다.', '지나치게 빡세게 적용한다.'는 비판이 뒤따른다. 심지어 '레디컬하다.'는 평가까지 덧붙여진다. 그러나 분명한 사실은, 진리에서 멀어질수록 진리를 말하는 자는 점점 더 극단적으로 보일 수밖에 없다는 것이다. 삶을 예배로 드리려는 신앙의 태도 역시 세속화된 시선에는 '과도한 열심'으로 여겨질 수밖에 없다.[12]

이는 교회가 세상과 점점 가까워질수록 더욱 뚜렷해지는 현상이다. 고대 이스라엘 역시 마찬가지였다. 인간의 죄성은 언제나 감각을 자극하는 이방 문화를 추구해 왔고, 여호와 하나님이 아닌 내 감정과 욕망을 만족시켜 주는, 자기 입맛에 맞춘 하나님을 믿고자 하는 유혹에 쉽게 빠져들었다. 이 지점에서 하나님의 언약 백성은 점차 정체성을 상실하기 시작한다. 그들은 이방을 정복한 줄 알았지만, 실상은 이방인의 삶의 방식에 젖어 들었고, 그것을 자기 삶의 일부로 받아들이고 있었다. 겉으로는 하나님을 예배한다고 말했지만, 실제로는 자신이 만든 또 다른 하나님을 섬기고 있었던 것이다. 그들의 예배 형식과 감정은 이미 가나안의 신들에 의해 물들어 있었다.[13]

예배는 드렸지만 대상은 애매했다

　예루살렘 성전이 세워지기 전까지 산당은 일시적으로 용납되었다. 그러나 공식 제단이 아닌, 민간에서 자율적으로 세운 이 제의 공간들은 점차 하나님의 질서가 아닌 인간의 필요에 따라 운영되었고, 그곳에서 드려진 제사는 '여호와'를 향한 듯 보였지만, 점점 가나안의 정서와 형식을 닮아갔다. 산당은 예배의 중심이 하나님에서 사람으로, 절대적 명령에서 자율적 판단으로 이동하기 시작한 첫 균열이었다.

고고학적으로도 산당은 대부분 언덕 위에 위치했고, 지역마다 서로 다른 신들을 위한 제단들이 혼재되어 있었다. 벧엘, 단, 길갈 등에서 발견된 제단 유적들은 원래 하나님을 예배하기 위해 사용되었으나, 시간이 흐르면서 점차 바알 신앙과 혼합되었음을 보여 준다.[14]

산당은 단순한 예배 장소가 아니라, 하나님의 질서가 무너지기 시작한 신학적 전환점이자 '신전의 복제본'이었다.

이스라엘은 예루살렘 성전을 중심으로 하나님의 임재와 거룩을 배워야 했지만, 산당은 그 질서를 교란시키는 평행 공간이자 자신을 위한 체계가 되어갔다. 예배는 더 이상 공동체의 중심이 아니라, 각자 사는 지역과 취향에 따라 '실용적으로' 드리는 일상 행위로 변모했다. 광야에서 훈련받은 하나님 중심의 삶은, 정착 이후 점점 인간 중심의 삶으로 기울어졌고, 산당은 그 변화의 상징이었다.

"오늘은 어디로 예배드리러 가세요?", "느낌 좋은 곳이요"

그들은 여전히 여호와의 이름을 부르며 제사를 드렸지만, 그 예배는 더 이상 하나님의 말씀에 근거한 것이 아니었다.

프랜시스 쉐퍼는 '하나님을 말하면서도 하나님을 배반하는 일이 가

능하다.'고 말하며, 진정한 예배는 형식이 아니라 하나님의 계시 위에 세워져야 한다고 경고했다.[15]

이스라엘이 가나안 문화를 받아들이기 시작하면서 예배와 삶의 방향이 변질되는 이 지점에서, 바울은 신학적으로 문화적 제국주의에 저항하는 싸움을 벌였다. 문화가 단순한 사회적 산물이 아니라 궁극적으로 종교적 뿌리를 가진다는 점에서, 아브라함 카이퍼가 지적했듯이 '문화는 종교의 표현'이며 모든 문화는 특정 신앙 체계에 뿌리를 둔다.[16] 이러한 통찰은 바울이 이방 문화 속에 스며든 신화를 분별하며, 하나님 중심의 거룩한 공동체를 지키려 한 이유를 설명해 준다.

산당은 그 계시의 틀을 무너뜨리고, 사람의 손에 의해 조율된 하나님을 만들어내는 통로가 되었다. 그것은 공식 종교의 해체가 아니라, 더 위험한 방식의 유지였다. 예배는 남아 있었지만, 그 예배의 중심은 사라지고 있었고, 형식은 지속되었지만 그 의미는 점차 사람 중심의 형상으로 왜곡되어 갔다.

개혁주의 철학자 아브라함 카이퍼는 '인간이 중립적일 수 있다는 생각만큼 위험한 신화는 없다.'고 말했다.[17] 산당의 등장은 바로 그 신화를 실현하려는 시도였다. 하나님의 계시를 절대화하지 않고, 사람의 판단과 취향에 따라 절충한 종교. 그 결과는 언제나 '혼합'(syncretism) 이었고, 혼합은 결국 배교였다.

이스라엘은 광야에서 불기둥과 구름기둥을 따랐지만, 산당 앞에서는 바람을 따라 움직였다. 그들이 여전히 '여호와'를 섬긴다고 말했지만, 여호와는 더 이상 떨기나무 가운데 임하신 거룩한 하나님이 아니었다. 그분은 거룩한 임재의 하나님이 아니었다. 이제는 사람의 감정과 취향에 따라 조율되고, 소비되고, 이용되는 신으로 변질되어 가고 있었다. 풍요와 쾌락을 제공하는 조건부의 신, 선택 가능한 상품처럼 다뤄지는 신이었다.[18]

경외함은 사라지고 취향의 체크리스트가 된 교회

그 예배 장소는 처음부터 신학적 논쟁의 대상은 아니었다. 그러나 시간이 흐르며, 점점 예배의 본질을 위협하는 구조로 자리 잡았다. 산당의 등장은 단지 예루살렘 성전 이전의 임시 조치가 아니었다. 그것은 하나님께 드려지는 예배의 중심이 아니라 자신을 위한 종교적 행위, 공동체가 아닌 개인, 하나님의 질서가 아닌 인간의 판단으로 기울어 가는 전환점이었다.

산당은 편리함을 기준으로 제단을 선택하게 만들었고, 편리함은 기술을 만들었지만, 그 기술은 결국 인간을 더 게으르게 만들었다. 화폐의 변화만 보아도 그렇다. 잔돈을 챙겨야 하는 불편함 때문에 동전은 사라지고, 신용카드가 일상이 되었다. 그러나 여러 장의 카드를 소지하는 것조차 번거로워지자, 사람들은 손에 쥐고 있는 스마트폰 속으로 모든 기능을 통합시켰다. 이제는 단말기에 카드를 대는 대신, 휴대폰 하나면 결제, 송금, 쇼핑까지 모두 가능한 '페이 시대'에 들어섰다. 기술은 진보했지만, 사람은 그만큼 더 움직이지 않게 되었다.

우리는 점점 더 손끝 하나로 모든 것을 해결하는 세상에 살고 있다. 하지만 그 손끝은, 더 이상 '의지'를 담지 않는다. 단지 '습관'의 자동 반응일 뿐이다. 편리함은 자유처럼 보였으나, 실상은 '게으름의 사슬'이었다.

예배 시간을 깜빡했나요? 좋댓구알~ 꾸욱~ 알려 드려요

예배마저도 이 흐름에서 자유롭지 않다. 예배는 더 이상 '부르심'이 아닌 '선택'의 문제가 되었고, 기꺼이 올라가는 예루살렘의 예배는 이제 내가 원하는 시간과 장소에서 드리는 개인화된 예배로 바뀌었다. 예루살렘이라는 한 지점으로 모여야 했던 예배는, 이제 각지에 흩어진 산당들 속에서 '취향', '기분', '거리', '분위기'에 따라 조율되고 소비된다.

이 흐름은 온라인 예배로 이어졌다. 문명의 발전은 예배를 더 '편리하게' 만들었지만, 그만큼 더 형식화되고 '신령과 진정'으로 드려져야 할 예배는 종교적 행위로 소비화되었다. 우리는 지금 이 시대에 가나안의 산당 예배를 현실 속에서 재현하고 있는 것이다. 하나님께 드려지는 예배는 결코 간단히, 편리하게 드려질 수 있는 것이 아니다.

코로나가 창궐하던 시기, 많은 교회들이 '모이기를 힘쓰라.'는 하나님의 말씀(히 10:25)을 뒤로하고, '모이면 민폐'라는 사회 분위기에 편승해 예배의 공동체성을 포기하기 시작했다. 심지어 온라인 예배가 제2의 종교개혁이라 주장하며, 새로운 시대에 걸맞은 예배 방식이라고 치켜세우는 이들도 있었고, 많은 사람들이 이에 동조했다.

그러나 온라인 예배는 제2의 종교개혁이 아니다. 그것은 게으름을 부추기며, 예배마저 편리함의 이름으로 소비하는 도구로 전락했다. 하나님과의 거룩한 만남은 사라지고, 화면 앞에 앉아 있는 자기 위안의 시간만 남았다. 예배는 더 이상 하나님을 높이고 경배하는 자리라기보다, 스스로를 안심시키기 위한 종교적 루틴에 불과해져 버렸다.

이러한 예배의 소비화 현상은 새로운 일이 아니다. 프랜시스 쉐퍼는 이미 수십 년 전 "모든 문화는 결국 신학을 닮는다."고 경고했다.[19] 그는 단지 교리의 유사성을 말한 것이 아니라, 삶의 방식과 문화 전반이 예배 형태에 영향을 미친다는 사실을 간파했다. 문명의 방향과 인간의 습관, 그리고 예배의 양식이 결국 어떤 '신'을 닮아 가는가의 문제이다. 소비 중심의 문화는 소비 중심의 예배를 낳고, 선택의 자유를 강조하는 사회는 예배조차도 '선택 가능한 옵션'으로 전락시킨다.

그러나 이것은 구약의 예배 정신과 정면으로 충돌한다. 하나님은 광야에서 장막[20](오헬 모에드, אֹהֶל מוֹעֵד) 을 중심으로 질서를 세우셨고(출 25:8-9), 그분의 임재는 언제나 정해진 방식과 장소 속에서 체험되도록 하셨다. '오헬 모에드'는 문자적으로 '만남의 장막'이라는 뜻으로, 이는 예배가 인간의 편의가 아닌 하나님과의 만남을 위한 지정된 구조와 질서임을 뜻한다.

예배는 하나님의 임재를 중심으로 하는 '하나님 중심적 구조'였고, 인간이 선택하거나 바꿀 수 있는 것이 아니었다. 존 프레임은 이 예배의 규범성 문제에 대해 분명히 지적한다.

예배가 하나님께서 정하신 규범에 근거하지 않을 때, 인간은 결국 자신이 원하는 신을 예배하게 된다.[21]

결국 산당은 하나님의 말씀에 기초한 제사보다, 인간의 기분과 형편에 따라 조정된 '맞춤형 예배'를 양산했다. 이는 단순한 지리적 문제가 아니라, 예배의 주권이 누구에게 있는지를 가르는 신학적 문제였다.

아브라함 카이퍼는 문화와 예배를 결코 분리하지 않았다. 그는 "삶의 전 영역은 그리스도의 주권 아래 있다."고 선언하며,[22] 예배 또한 공공성과 질서 속에서 해석되어야 함을 강조했다.[23]

> 모이기를 폐하는 어떤 사람들의 습관과 같이 하지 말고, 오직 권하여 그 날이 가까움을 볼수록 더욱 그리하자.(히브리서 10장 25절)

알고리즘으로 찾은 하나님, 입맛에 맞게 고른 설교

산당의 확산은 곧 하나님의 질서에 대한 집단적 무관심이었다. 그리고 이는 가나안 문명이 남긴 가장 치명적인 유산 중 하나였다. 불타는 떨기나무 앞에서 신발을 벗던 그 거룩한 백성이, 이제는 아무 언덕 위, 자신이 만든 제단에서 자신의 방식으로 하나님을 '소비'하는 시대가 되어 버렸다.

산당은 단지 잘못된 예배의 '결과'가 아니다. 그것은 너무도 그럴듯한 모습으로 다가오는 '유혹'이다. 높은 언덕 위, 감각적으로 꾸며진 제단과 화려한 의식, 감정 몰입형 참여 제사의 형식의 틀만 존재했던 예루살렘 성전보다 더 '종교적'이었다. 백성들은 여호와의 이름을 부르면서 그 형식을 바꿨고, '여호와를 위한 예배'라는 틀 안에 자신을 위한 위로와 만족감으로 재구성했다. 산당은 단순한 예배의 대체물이 아니라 예배의 형식을 유지하되 중심이 사라진 영혼 없이 드려진 가장 교묘한 왜곡이었다.

예배는 드리는 것이 아니라, 이제는 자동 재생되는 콘텐츠가 되었다. 오히려 감각적 플랫폼과 브랜드화된 교회라는 이름으로 도시 한복판에 들어와 있다. 지역 교회와 공동체 중심의 예배는 점점 사라지고, '내게 맞는 설교자', '내 감정에 반응하는 찬양', '내 시간에 맞는 콘텐츠'를 선택하는 구조로 옮겨가고 있다. 예배는 더 이상 공동체 안에서 하나님의 임재를 중심으로 '드리는 것'이 아니라, '소비하는 콘텐츠'로 받아들여지고 있다.

은혜는 내 감정이 충족되는 만큼만…

더 심각한 문제는, 이러한 산당적 구조가 이제 성전 안에서 일상처럼 자리 잡았다는 점이다. 감정 중심의 설교, 자기 위로에 집중된 메시지, 즉각적 반응과 치유를 요구하는 예배는 마치 성령의 역사를 가장한 소비자 중심의 종교 활동처럼 기능하고 있다. 성전이 남아 있지만, 성소는 사라졌다. 예배가 남아 있지만, 그 중심에는 하나님이 아닌 '내가' 앉아 있다.

특히 현대 교회 안에 자리 잡은 '내면 치유'라는 심리학적 이론은 이러한 흐름과 놀랍도록 닮아 있다. 내면아이(Inner Child) 이론은 죄와 회개의 필요성을 흐리고 구속의 은혜를 감정의 회복과 동일시하는 위험을 낳는다. 상처 입은 감정을 돌보고 보듬는 과정을 통해 자기 수용과 감정의 회복을 강조한다. 이 심리학적 모델이 예배 안에 들어올 때, 감정기복 신앙으로 이어질 수 있으며 은혜란 하나님의 영광이 아닌 내면의 안정에서 비롯된 경험으로 환원된다.[24]

회개는 상담으로 대체되고, 죄는 상처로 해석되며, 하나님의 거룩한 임재는 감정적 위로의 배경음악으로 희석된다. 미국의 대표적인 기독 심리상담가였던 존 브래드쇼(John Bradshaw)는 "진정한 치유는 내면의 어린아이를 끌어안는 데 있다."고 말했지만, 이 관점은 인간의 존재를 '하나님 앞에 선 죄인'이 아니라 '상처 입은 피해자'로 재구성한다. 그 전환은 예배의 초점을 은연중에 '하나님'에서 '내 감정'으로 옮겨 놓는다. 사람들은 '은혜를 경험했다.'고 말하지만, 그 경험은 하나님을 향한 경배에서 시작되기보다 자기 내면의 회복에서 출발하고 거기서 끝나 버린다.

주여, 제 감정부터 만져 주세요 ㅜㅜ

프랜시스 쉐퍼는 이미 수십 년 전, 이러한 흐름을 '진리를 요구하지 않고 감정적 평안을 원하는 종교'라 비판했다.[25] 그는 '현대인은 더 이상 진리의 실재를 추구하지 않는다. 오직 자기 내면의 안정과 평안을 원할 뿐이다.'라고 했다. 예배가 진리를 대면하는 자리에서 점점 멀어지고 있는 현실을 날카롭게 간파한 것이다. 아브라함 카이퍼 또한 '모든 인간 활동에는 하나님 앞에서의 종교성이 깃들어 있다.'고 했지만,[26] 그 종교성이 타락하면 곧 '자기 중심의 우상 숭배'로 전락한다. 그 우상이 이제는 단순한 황금송아지가 아니라 '나의 감정', '나의 경험', '나의 상처'라는 이름으로 변장하고 있다는 사실을 우리는 외면해서는 안 된다.

이러한 흐름은 성경이 말하는 예배와 결정적으로 충돌한다. 성경의 예배는 죄인 된 인간이 거룩하신 하나님 앞에 서는 사건이며, 그 자리에는 반드시 '두려움과 경외', '회개와 순종'이라는 영적 구조가 동반된다. 그러나 심리학적 내면 중심의 예배는 그 두려움을 제거하고, 회개보다 자기 이해를 우선하며, 순종보다 자기 긍정을 강조한다. 이 흐름은 결국 하나님을 우리의 '감정 치유사'로 축소시키며, 예배의 중심을 인간의 '감정적 완성'으로 재구성한다.

오늘날 교회는 여전히 여호와의 이름을 부른다. 그러나 여호와를 경외하는 마음은 점점 사라졌다. '하나님 사랑'만이 지나치게 강조되면서, 공의의 하나님에 대한 두려움은 사라졌고, 그 결과 여호와의 이름은 가볍게 여겨지고 거룩한 성호마저 더럽혀지는 지경에 이르렀다.

말씀에 울컥, 찬양엔 눈물, 그럼 은혜인 거죠!

편리함과 감정, 반응성과 개인적 만족을 따라 움직이는 현대 예배는 본질적으로 가나안의 산당과 다르지 않다. 예배의 외형은 여전히 남아 있지만, 성령님의 임재의 거룩함은 점점 희미해지고 있다. 이것이 바로 산당의 유혹이다. 진짜를 대체하지 않고 '비슷한 것'으로 포장한 가짜, 진리를 부정하지 않고 '다르게 해석한' 거짓, 하나님을 제거하지 않고 '하나님을 변형시킨' 방식이 바로 그것이다. 그리고 이 유혹은 성전 바깥에서 시작되었지만, 마침내 성전 안으로 들어왔다. 오늘날 교회는 단지 산당을 경계해야 하는 것이 아니라, 우리 안에 이미 뿌리내린 '산당적 구조'를 직면해야 한다.

특히 요즘 예배는 점점 더 '자기감정의 예배'로 변질되고 있다. 찬양은 하나님의 위대하심과 은혜를 노래하기보다, 나의 외로움과 상처, 갈망과 고통을 대변해 주는 노랫말로 채워진다. 전능하신 하나님을 향한 찬미는 사라지고, 내 마음을 울리는 감성적 멜로디와 위로의 언어가 중심이 된다. 성령의 도우심보다는 심리적 공감과 감정적 해소가 예배의 목적처럼 보이기도 한다. 찬양대는 마치 록밴드처럼 화려한 무대 위에서 스포트라이트를 받고, 예배당은 성소라기보다 공연장을 닮아간다. 조명은 예배를 위한 도구가 아니라 감정의 고조를 위한 연출이 되고, 설교는 말씀의 선포라기보다 청중의 공감을 얻기 위한 감정의 흐름을 따라간다.

이러한 예배는 본질을 가리며, 하나님 중심의 경배를 인간 중심의 정서적 체험으로 대체한다. 그 결과, 하나님은 경배의 대상이 아니라 나의 감정과 필요를 채워주는 심리적 도구로 전락한다. 산당적 예배란 결국 '하나님을 섬긴다.'는 형식 아래 '자신을 만족시키는' 실질을 숨기고 있는 것이다. 예배는 점점 더 성경적 의미를 상실하고, 하나님의 말씀은 '나에게 도움이 되는가.'라는 기준 아래 선별적으로 받아들여진다.

자신의 상처받은 감정에 귀 기울이지 말고 내면에 무엇이 중심으로 자리 잡았는지 집중해야 한다. 과연 우리의 예배는 진정 하나님의 임재를 사모하는가? 아니면 내 마음을 울리고, 나를 위로하고, 나를 만족시키는 예배인가? 우리는 산당을 허물고 성소를 회복해야 한다. 감정이 아니라 진리를 따라, 자기를 위로하는 노래가 아니라 하나님의 영광을 찬송하는 노래로, 나의 위안을 구하는 예배가 아니라 하나님의 거룩하심 앞에 엎드리는 예배로 돌아가야 한다. 이것이 산당적 유혹을 이기는 길이며, 하나님이 받으시는 참된 예배의 회복이다.

VI.
무너진 성소, 반복되는 타락

자기 소견의 시대, 신화의 귀환!

> 그 때에 이스라엘에 왕이 없으므로 각기 자기 소견에 옳은 대로 행하였더라.(사사기 21:25)

사사기는 단순한 정치적 혼란의 기록이 아니라, 하나님을 예배하는 공동체가 무너진 시대의 증언이다. 하나님의 말씀은 인간의 타락한 본성을 제어했지만, 사람들은 억압이라 느꼈고 하나님의 통치를 거부했다. 그들의 시선은 점점 세상을 향했고, 하나님이 왕 되신 질서 대신 사람이 왕 되는 문화를 갈망했다.

하나님의 통치는 거룩을 요구했지만, 백성은 쾌락과 자율을 추구했다. 형식만 남은 신앙은 타협으로 전락했고, 그 결과 예배는 무너졌고 이스라엘은 붕괴되었다. 성막은 여전히 실로에 있었고, 제사장도 존재했지만, 백성의 중심은 산당을 향하고 있었다.
  예배는 점차 가나안 문화와 혼합되었고, 제의는 종교의 이름을 빌린 욕망의 수단으로 전락했다. 레위인조차 돈을 위해 고용되는 제사장으로 전락했고, 하나님의 임재는 이미 성소를 떠난 상태였다.

사사기의 핵심은 단지 전쟁이나 민족 문제가 아니라 예배의 붕괴다. 그 전형이 바로 미가의 집에 세워진 신당이다. 그는 은으로 신상을 만들고, 레위인을 제사장으로 세웠다. 겉으로는 하나님을 예배하는 듯 보였지만, 실제로는 자기 욕망에 따라 만들어진 사적 예배였다.

> 그 때에 이스라엘에 왕이 없었고, 사람마다 자기 소견에 옳은 대로 행하였다.(사사기 21:25)

이 말은 곧, 예배의 중심이 사라졌다는 선언이다. 하나님이 떠난 자리에 사람이 앉았고, 그로 인해 모든 질서가 무너져 내렸다.[1]

사유화된 예배의 비극

미가의 집은 단지 개인의 신앙 공간이 아니었다. 정결한 외형과 신앙의 언어로 포장되었지만, 그 중심에는 하나님이 아니라 자아가 있었다. 레위인은 제사장직을 '하나님의 부르심'이 아닌 '직업'으로 여겼고, 미가는 종교를 자신의 안위를 위한 수단으로 삼았다.

이 가정에서 출발한 사적 예배는 곧 단 지파 전체로 확산되었다. 그들은 미가의 신상을 탈취하고 제사장을 데려가 민족의 예배 구조로 삼았다. 예루살렘이 아닌 곳에 세워진 제단은 단지 장소의 문제가 아니었다. 하나님이 명하신 방식과 장소를 무시한, 인간이 신을 조종하려는 우상적 시도였다.[2]

이처럼 사유화된 예배는 처음엔 은혜의 언어로 포장되었지만, 결국 하나님이 계시지 않는 자리에서 자기를 숭배하는 종교로 변질되었다. 예배의 중심을 잃은 이스라엘은 곧 질서를 잃었고, 그 결과는 북이스라엘의 전면적 우상숭배로 이어졌다.

사사기의 본질은 '각기 자기 소견에 옳은 대로 행하는' 삶이 결국 '자기 방식대로 예배하는' 신앙으로 이어진다는 데 있다. 하나님을 향한다고 말하지만, 실제로는 자기 마음을 향한 예배. 하나님을 위한 것처럼 보이지만, 실상은 자기 보호와 번영을 위한 종교적 장치. 예배는 남아 있지만, 하나님은 더 이상 그 자리에 계시지 않는 시대! 사사기는 단순한 역사 기록이 아니다. 이 시대에도 동일한 경고가 주어진다. 우리의 예배는 진정 하나님께 드려지는 것인가, 아니면 자기 유익을 위한 신앙인가? 이 질문이야말로 사사기의 영적 현주소이다.[3]

편의의 시대, 예배는 어디로 향했는가

이스라엘 백성은 성전을 버린 것이 아니었다. 제사장은 여전히 직무를 수행했고, 율법은 공적으로 유지되었으며, 예루살렘 성전도 존재했다. 그러나 백성은 더 이상 하나님의 처소로 나아가지 않았다. 그들은 성소로 올라가는 길보다, 자신의 삶 가까이에 있는 산당을 택했다. 하나님의 임재보다 자신의 거리와 시간을 먼저 고려한 것이다. 그리하여 예배는 여전히 하나님께 드린다고 믿었지만, 실상은 하나님이 아닌 자기 자신을 중심에 둔 예배로 바뀌어 있었다.[4]

현재 교회도 이 흐름과 다르지 않다. 예배는 더 이상 하나님의 주권 앞에 엎드리는 자리가 아니라, 자기 만족을 위해 설계된 감정적 경험으로 변질되고 있다. 교회 출석은 점차 '내가 원할 때', '내 기분에 따라', '내가 선호하는 설교자와 찬양 스타일'에 맞춰 결정된다. 예배의 목적은 경배가 아니라 치유이며, 회개가 아닌 위로이고, 경외가 아닌 공감이다. 하나님은 경배의 대상이 아니라, 나를 위해 준비된 '영적 콘텐츠'로 전락하고 만다.[5]

프랜시스 쉐퍼는 이러한 흐름을 '자기중심적 인간이 만든 편의적 종교'라고 날카롭게 분석했다. 그는 말한다. '그들의 예배는 하나님을 섬기는 형식을 취하지만, 실제로는 자신을 만족시키는 수단이다.' 아브라함 카이퍼 역시, 하나님 중심이 아닌 인간 중심으로 설계된 예배를 '신성을 가장한 인본주의'라고 규정한다. 이는 단순한 실천의 문제가 아니라, 예배의 본질에 대한 영적 타락이다.[6]

산당은 이스라엘의 일상 속에서 자연스럽게 정착되었고, 각 지역의 정서와 문화, 심지어 취향에 따라 다양화되었다. 겉으로는 여호와의 이름을 부르지만, 그 안에는 바알과 아세라가 함께 있었다. 고고학자 윌리엄 올브라이트는 북이스라엘 산당에서 야훼의 이름이 병기된 신상과 바알, 아세라의 형상이 함께 발견되었다고 기록한다. 이는 이스라엘이 하나님의 이름을 유지한 채, 이미 다른 신들과의 혼합적 예배를 드리고 있었음을 보여준다. 다시 말해, 그들은 하나님을 떠난 것이 아니라, 하나님을 '바꾼' 것이다.[7]

성경은 이러한 왜곡을 "경건의 모양은 있으나 경건의 능력은 부인하는 자들."(딤후 3:5)로 규정한다. 그들은 여전히 예배를 드리지만, 하나님의 뜻이 아닌 자기 방식으로 드린다. 본질을 잃은 예배는 결국, 인간이 만든 편의와 합리성의 기준 위에 세워진 신전과 같다. 그리고 하나님은 단 한 번도 인간의 편의를 기준으로 예배를 받으신 적이 없다.

예수께서 사마리아 여인에게 하신 말씀은 이 모든 흐름을 정면으로 뒤엎는다. "하나님은 영이시니 예배하는 자가 영과 진리로 예배할지니

라."(요 4:24)

진리는 하나님의 계시된 뜻이며, 영은 성령의 임재를 의미한다. 예배는 인간이 감각적으로 연출하는 장면이 아니라, 하나님의 주권에 반응하는 경배다. 그렇기에 예배는 언제나 '하나님이 정하신 방식, 하나님이 정하신 목적, 하나님이 중심이 되는 자리'에서만 참되게 성립된다.[8]

하나님의 심판을 대체한 인간의 정의

드라마 〈지옥에서 온 판사〉는 로마신화의 정의의 여신 이미지를 현대 법정 드라마 속 인물에 투영하며, 인간 기준의 '절대 정의'를 구현하고 하나님의 심판을 인본주의 기준으로 대체하려는 메시지를 담고 있다. 극 중 '판사'로 등장하는 여주인공은 고대 로마의 정의의 여신 '유티티아(Iustitia)'와 동일한 이름을 가진 인물로 등장한다.

이는 신화 속 정의의 개념을 현대 법정 드라마에 직접 투영한 상징적 장치로 볼 수 있다. 눈을 가린 채 저울과 검을 들고 있는 유티티아는 오늘날 법원 앞 동상으로도 익숙한 존재이며, 정의와 공정함의 상징으로 여겨진다.[9]

그러나 이 드라마는 단순히 신화의 도상을 현대적으로 재해석하는 데 그치지 않는다. 이 서사 구조는 본질적으로 하나님의 절대적 심판을 '불합리'하고 '비논리적'이며 '비인간적'이라고 전제하여, 인간의 기준에 맞는 정의가 더 옳고 바람직하다는 메시지를 던진다.

극 중 여주인공은 초월적인 심판 권한을 가지고 있으며, 회차가 진행될수록 그녀의 판결은 '비난'에서 '찬사'로 전환된다. 사람들은 그녀가 말하는 정의에 감화되며, 그녀의 심판을 받아들이기 시작한다. 그러나 그 심판은 결코 하나님의 심판이 아니다.

오히려 하나님을 신뢰하지 못해 떠난 피해자가 교회 안에서 하나님을 원망하는 장면은, 하나님의 심판이 불의하다는 문화적 프레임을 은근히 제시하고 있다. 그 부당함을 해결하는 존재로 유티티아를 심판자로 등장시킴으로써, 미디어는 '인간이 만든 신'이 '하나님의 기준'을 대체할 수 있다는 신화를 다시 쓰고 있는 것이다.[10]

이러한 메시지는 영화 〈엘리시움(Elysium)〉같은 작품에서도 반복된다. 이 영화는 부유한 엘리트들이 하늘 위 별도의 유토피아를 만들어 살고, 땅 위의 가난한 자들은 의료와 자원에서 철저히 배제되는 설정을 통해, 초월적 정의 대신 '인간이 정의를 쟁취해야 한다.'는 신념을 강조한다.

영화 속 인간은 결국 신적인 권한을 빼앗아, 자신들이 정의의 주체가 되고자 한다. 이 역시 하나님 없는 정의, 인간 중심의 심판이 이상적이라는 메시지를 강화하는 문화적 신화다. 결국, 이러한 미디어는 신화적 구조를 통해 '정의'의 개념 자체를 재구성하고 있으며, 성경이 말하는 하나님의 심판을 왜곡하거나 대체하려는 문화적 흐름을 형성하고 있다.

이는 바벨탑 시대 이후 반복되어 온 패턴이다. 하나님을 내리고, 인간을 올리며, 하나님의 질서를 불합리하다고 판단하고 인간의 정의를 그 자리에 세우는 시도. 그러나 성경은 분명하게 말하고 있다. "여호와께서 심판하시나니 그가 의로 세계를 심판하시며 정직으로 만민에게 판단을 내리시리로다."(시편 9:8)[11]

사람은 결코 참된 심판자가 될 수 없다

그 이유는 단순히 인간이 피조물이기 때문만이 아니라, 인간의 판단은 감정과 경험, 환경에 의해 끊임없이 흔들리는 불완전한 기준 위에 있기 때문이다. 인간은 정의를 말하지만, 그 정의는 언제나 자기 정당화와 감정적 호소에 기울어지기 쉬운 구조를 지닌다. 법은 원칙에 따라 판단해야 하지만, 인간은 그 법의 기준을 감정과 상황에 따라 유연하게 해석하려 하고, 종종 피해자의 눈물이나 가해자의 배경에 따라 판단의 저울이 기울어진다.

이 때문에 법정 앞 유스티티아 여신상은 눈을 가리고 있다. 그것은 감정을 배제하고 오직 법의 기준을 따라 공정하게 심판해야 한다는 상징이다. 그러나 감정 중심의 문화는 점점 법의 공정을 뒤로 밀어두고, '누구의 입장이 더 설득력 있는가.', '누가 더 연민을 자아내는가.'를 판단 기준으로 삼고 있다. 그 결과, '유전무죄 무전유죄' 같은 말이 사회적 통념이 되어버렸다.

최근 드라마 이상한 변호사 우영우에서도 이 같은 흐름이 반복된다. 판결의 기준은 종종 법적 원칙보다 피고의 사연이나 감정적 정당성에 따라 기울어진다. 가해자의 위법 행위도 피해자의 감정을 자극하면 오히려 용서받거나 옹호되는 구조로 그려진다.[12] 법은 공정의 상징이기보다, 감정의 해소 수단처럼 기능하고 있다.

하지만 하나님은 다르시다. 하나님은 감정에 흔들리지 않는 완전한 공의의 심판자이시며, 동시에 사랑이신 분이시다. 성경은 그분의 공의가 결코 사랑을 침해하지 않으며, 그분의 사랑이 결코 공의를 무너뜨리지 않는다는 진리를 증언한다. 인간은 공의를 말하면서 사랑을 변명으로 삼고, 사랑을 말하면서 공의를 희생시키지만, 하나님은 사랑과 공의가 완전하게 조화를 이루시는 유일한 심판자이시다.

유티티아 서사로 포장된 신화

그러므로 인간은 스스로를 심판자로 세우려는 시도를 멈추어야 하며, 하나님의 기준 앞에서 겸손히 엎드려야 한다. 인간의 심판은 언제나 파편적이고 감정적이며 제한적이지만, 하나님의 심판은 거룩하고 완전하며 영원하다.

이렇듯 드라마 속 유티티아는 하나님의 자리를 넘보는 '또 다른 바벨의 여신'일 뿐이다. 이들 사례는 단순한 신화적 요소의 차용이 아니라, 현대인들의 영적 공허와 불안, 권력과 구원에 대한 갈망을 대변한다. 그리고 이러한 신화의 부활은 그 자체로 현대 문화가 하나의 '종교'로서 기능함을 시사한다.[13]

좀비물, 죽음을 왜곡된 생명으로 포장하다

현대 대중문화에서 좀비 장르는 하나의 고정된 코드로 자리 잡았다. 〈워킹 데드〉, 〈킹덤〉, 〈부산행〉, 〈28일 후〉, 〈레지던트 이블〉 등의 드라마와 영화들은 죽음을 '끝'이 아닌 '변형된 존재'로 묘사한다. 죽은 자는 무덤에 머무르지 않는다. 오히려 살아 있는 자보다 더 강한 존재로 다시 등장하며, '다시 살아남'은 혐오스럽고 파괴적인 힘으로 표현된다.

이러한 설정은 기독교의 죽음과 부활 개념을 은근히 조롱하거나 왜곡한다. 성경은 죽음을 하나님의 심판과 부활로 향하는 문턱으로 설명한다. "한 번 죽는 것은 사람에게 정해진 것이요, 그 후에는 심판이 있으리니."(히 9:27) 그러나 좀비물은 죽음을 단지 생물학적 정지로 다루고, 인간이 어떤 방식으로든 다시 움직일 수 있다는 환상을 심는다. 이는 곧, "죽음 이후에도 인간이 스스로 존재를 유지할 수 있다."는 메시지를 은연중에 내포하는 것이다. 그 메시지가 얼마나 광범위하게 문화 속에 스며들었는지, 몇몇 대표적인 영화들을 통해 살펴보자.

① 킹덤 - 부활을 갈망하는 권력의 신화

넷플릭스 드라마 〈킹덤〉은 조선 시대를 배경으로 한 좀비물로, 단순한 공포물을 넘어 죽음을 이기려는 인간의 욕망과 권력의 야망이 결합된 서사를 보여준다. 왕은 죽음을 맞이하자, 생사초라는 약초를 이용해 다시 살아나길 꾀한다. 그러나 그것이 불러온 결과는 단순한 부활이 아니라 인간성을 상실한 괴물의 탄생이었다.

〈킹덤〉은 하나님 없는 부활이 얼마나 파괴적이며 위험한지를 보여주는 상징적인 이야기이다. 죽음을 넘어서고자 했던 인간의 욕망은 오히려 세상을 더 큰 혼란과 파멸로 몰아간다. 이는 구약의 바벨탑 사건처럼, 인간이 생명을 통제하고 영생을 소유하려는 시도가 얼마나 위험한지를 드러내는 은유로 읽을 수 있다.[14]

② 부산행 - 구속 없는 자기희생은 구원이 아니다

〈부산행〉은 좀비 아포칼립스 상황 속에서 벌어지는 인간 군상의 이야기를 통해 이타성과 희생, 그리고 인간성의 회복을 강조한다. 극 중 아버지가 좀비로 변해가며 딸을 지키기 위해 마지막까지 자신을 희생하는 장면은 감동적이다. 그러나 기독교적 시선에서 보면, 이 희생은 죄의 대속도 아니고, 구속사의 연장도 아니다. 하나님 없이 이뤄지는 감정적 자기희생은 감동일 수는 있어도 구원은 아니다.

부활과 구원은 '의로운 죽음'이나 '감정적 결단'이 아니라, 오직 예수 그리스도의 십자가와 부활을 통해 이루어진다. 〈부산행〉은 인간 중심의 구속 내러티브를 구성하며, 하나님의 구속 없이도 감정적 희생만으로 구원이 가능한 것처럼 묘사한다. 이러한 구조는 고대 신화에서 반복되던 '신 없는 구속' 이야기의 현대적 반복이며, 결국 하나님 없는 또 하나의 인본주의적 신화로 기능한다.

③ 레지던트 이블 – 창조의 자리를 차지한 과학의 오만

〈레지던트 이블〉 시리즈는 다국적 기업 '엄브렐라 코퍼레이션'이 개발한 바이러스가 전 세계를 좀비화시킨다는 설정이다. 이 이야기는 바이오 테크놀로지를 통해 생명과 죽음을 통제하려는 인간의 오만을 적나라하게 보여준다. 신의 권위를 기술로 대체하려는 현대 과학 문명의 욕망이, 결국 파괴적 결과로 되돌아온다.

이 작품은 '우리는 하나님 없이도 죽음을 이겨낼 수 있다.'는 신화적 내러티브를 보여주는 대표 사례다.[15] 하나님 없이 죽음을 넘어선 생명은 창조가 아니라 괴물이며, 부활이 아니라 저주다. 과학이 신의 자리를 대체하려 할 때, 그것은 구원이 아니라 심판을 자초하는 행위가 된다.

왜곡된 부활의 이미지, 그 파장은?

좀비 장르는 단순히 공포와 액션을 위한 장르가 아니다. 그것은 죽음을 기이한 방식으로 미화하고, 하나님의 심판과 부활의 메시지를 대체하려는 문화적 신학(cultural theology)의[16] 흐름 속에 있다. 진정한 부활은 하나님의 생기(루아흐)로만 가능하며, 죄와 죽음의 권세를 이기신 그리스도의 부활 외에는 어떠한 생명도, 구속도, 회복도 가능하지 않다.

좀비물은 이 복음을 왜곡하며, 죽음을 희화화하고, 부활을 괴물로 패러디한다. 이 장르는 철저히 '하나님 없는 세계관'[17]을 전제로 한다. 인간의 감정, 과학, 이타성, 기술력은 부활의 근거가 될 수 없다. 살아날 수 있는 유일한 길은 오직 하나님의 말씀에 있다.

> 마른 뼈들아, 여호와의 말씀을 들을지어다.(겔 37:4)

영화나 드라마 속 신화 모티프의 부활은 우리의 신앙과 예배에 근본적 도전을 제기한다. 옛 우상들이 사라진 줄 알았지만, 새로운 형태의 '신들'이 미디어와 문화 현상 속에서 생생히 살아 움직이고 있다. 이 신들은 하나님을 대체하려 하거나, 인간이 신의 자리에 앉으려는 욕망을 반영한다.

따라서 우리는 오늘의 문화 현상을 단순한 엔터테인먼트로 넘기지 말고, 신학적·영적 관점에서 날카롭게 진단해야 한다. 이것이 '신들의 귀환'을 통해 문화가 곧 종교임을 깨닫는 첫걸음이며, 우리의 예배와 신앙이 어떤 방식으로 이 거대한 문화 흐름과 맞서 싸워야 하는지를 모색하는 길이다.

자살은 영웅인가? - 신화가 만든 거짓 영광의 서사

> 그러므로 형제들아, 내가 하나님의 모든 자비하심으로 너희를 권하노니, 너희 몸을 하나님이 기뻐하시는 거룩한 산 제물로 드리라. 이는 너희가 드릴 영적 예배니라.(로마서 12:1)

고대 신화는 자살을 단순한 죽음이 아닌 '선택된 운명', 혹은 '영웅적 결단'처럼 포장해 왔다.

이러한 이야기는 단지 과거의 전설이 아니라, 현대 드라마와 영화, 게임 속에 문화 코드로 내면화되어 퍼지고 있으며, 죽음에 대한 왜곡된 인식을 불러일으킨다. 그러나 성경은 분명히 말한다. 하나님께 드릴 제사는 '죽은 몸'이 아니라, '살아 있는 몸'이다. 그리스도인은 삶을 바쳐 하나님께 헌신해야지, 죽음을 통해 감동을 연출하려 해서는 안 된다.

① 시지프 - 자살하지 않는 자살의 철학

그리스 신화의 시지프는 신을 속인 대가로 영원히 언덕 위로 바위를 밀어 올리는 형벌을 받는다. 프랑스 철학자 알베르 카뮈는 이를 실존주의적 영웅으로 재해석하며, 삶의 부조리 속에서도 자살하지 않고 견디는 인간의 태도를 찬양했다.[18] 그러나 이 해석은 역설적으로 죽음의 유혹을 포용하는 자를 미화하며, 자살은 회피가 아닌 '자유의 포기'로 간주되는 철학적 아이러니로 포장된다. 이 메시지는 오늘날 '삶이 고통스럽더라도 죽지 말고 견뎌라.'는 겉모습 아래, 실은 삶의 주도권이 인간에게 있고, 하나님 없이도 의미를 만들 수 있다는 신화적 메시지로 기능한다.

② 안티고네 - 신의 법을 위해 죽은 자

소포클레스의 〈안티고네〉에서 여주인공은 인간의 법보다 신의 법을 따르려다 감옥에 갇히고, 스스로 목숨을 끊는다. 그녀의 죽음은 단순한 비극이 아니라, 종교적 신념에 의한 순교적 자살로 그려진다.[19] 문제는 이 서사가 현대 문화에서 '신념을 위한 자살', 혹은 "고결한 죽음"이라는 신화를 형성한다는 점이다. 그러나 성경은 자살을 하나님의 주권을 거스른 죄로 본다. "네 몸은 너희가 하나님께로부터 받은 바 너희 가운데 계신 성령의 전인 줄 알지 못하느냐."(고전 6:19)는 말씀처럼, 생명은 자기 것이 아니며, 그것을 스스로 끝내는 것은 창조주를 부정하는 행위다.

③ 아약스 - 명예를 지키기 위한 자결

호메로스의 〈일리아드〉 속 아약스는 전리품을 얻지 못한 모욕과 자괴감으로 인해 스스로 목숨을 끊는다. 이 자살은 전사로서의 명예를 지키는 자존심의 선택처럼 그려진다.[20] 이 같은 이야기는 '죽음으로 책임지는 것'을 미화하며, 오늘날 '고결한 죽음' 혹은 '책임지는 자살'이라는 위험한 내러티브를 정당화한다. 그러나 성경은 자살을 결코 명예로운 퇴장이라 말하지 않는다. 오히려 진정한 용기는 죽음보다 하나님을 붙드는 믿음 안에 있다.

죽음의 미화가 자살을 부추기는 문화 코드

현대 미디어는 지옥 미화뿐 아니라, 죽음과 자살을 긍정적으로 묘사하며 일종의 '해방'이나 '새로운 시작'으로 포장하는 경향을 보인다. 예를 들어, 일본 애니메이션 〈너의 이름은〉에서는 죽음과 영혼의 분리를 신비롭게 그리며, 삶과 죽음의 경계가 흐려진다.[21] 이 작품은 청소년들에게 죽음이 두려운 종말이 아닌 미묘한 세계 변화로 받아들여지게 하는데, 이러한 묘사는 때로 극단적 선택을 미화하는 효과를 낳을 수 있다.

또한 넷플릭스 드라마 〈13가지 이유〉는 주인공의 자살을 중심 이야기로 삼아 죽음을 일종의 '마지막 메시지' 혹은 '구원'처럼 그린다.[22] 이 드라마는 자살의 충격과 고통을 사실적으로 다루는 점에서 의미가 있으나, 동시에 자살을 정당화하거나 감정적으로 동조하는 해석을 유발해 논란이 되었다. 자살이 오히려 '사후 영향력'을 가지는 도구처럼 그려지면서, 청소년들의 모방 심리를 자극할 수 있다는 우려도 제기되었다.

이 밖에도, 영화 〈비포 아이 폴〉(Before I Fall)은 주인공이 반복되는 하루 속에서 죽음과 삶의 의미를 탐색하는 과정을 그리는데,[23] 죽음을 통해 삶의 가치를 재발견하는 긍정적 메시지와 함께 죽음 자체를 낭만화하는 위험이 함께 존재한다.

이러한 미디어들은 모두 '죽음 이후에는 고통도 슬픔도 없다.'는 은근한 메시지를 포함하며, 성경이 가르치는 '죽음 이후 심판'과 '영원한 형벌'의 진리와는 정면으로 배치된다.
"한 번 죽는 것은 사람에게 정해진 것이요 그 후에는 심판이 있으리니."(히 9:27) 죽음은 끝이 아니라 하나님의 심판대 앞에 서는 시작이다.

그러나 오늘날 많은 사람들은 "오죽하면 그랬겠는가.", "얼마나 힘들었으면", "어쩔 수 없는 선택 아니었을까", "하나님도 이해해 주시지 않을까?"라고 말한다. 사랑의 하나님이니까 용서해 주실 거라는 막연한 낙관은, 하나님의 공의를 망각하는 태도다.

성경은 우리의 몸이 하나님의 성전이라고 말씀한다. "너희 몸은 너희가 하나님께로부터 받은 바 너희 가운데 계신 성령의 전인 줄을 알지 못하느냐? 너희는 너희 자신의 것이 아니라 값으로 산 것이 되었으니 그런즉 너희 몸으로 하나님께 영광을 돌리라."(고전 6:19-20)

삶도, 죽음도, 우리의 호흡 하나까지도 하나님의 주권 아래 있다. 자살은 그 하나님의 주권을 거스르는 행위이며, 자기 생명을 스스로 끊는 행위는 곧 하나님이 허락하신 생명의 시간을 파괴하는 반역이다. 성경 속에서 엘리야(왕상 19장), 예레미야(렘 20장) 같은 하나님의 사람들도 죽고 싶다고 고백한 적이 있다. 그러나 그들은 결코 스스로 죽음을 선택하지 않았다. 오히려 그 절망 속에서 하나님을 부르짖고, 도움을 구했다. 그들이 하나님께 버림받지 않은 이유는, 고통 가운데서도 생명의 주권을 스스로 쥐려 하지 않았기 때문이다.

자살은 단순한 '고통의 탈출'이 아니다. 그것은 하나님 없이 자신의 고통을 스스로 처리하겠다는 자기주권의 선언이며, 결국 하나님의 심판 앞에서 책임져야 할 죄다.

자살을 정당화하고 죽음을 낭만화하는 미디어의 메시지는, 절망에 빠진 영혼들에게 단기적 위로는 될 수 있을지 몰라도 영원한 생명의 출구는 되지 못한다. 하나님은 고통 속에서도 말씀하신다. "내가 오늘 생명과 사망과 복과 저주를 네 앞에 두었은즉 너와 네 자손이 살기 위하여 생명을 택하라."(신 30:19)

이 시대에 필요한 것은 죽음의 미화가 아니라, 생명의 주권을 인정하고 그 생명을 하나님께 맡기는 믿음이다.

자살은 하나님이 허락하지 않으신 방법으로 인생을 끝내는 것이며, 따라서 죄다. 하나님의 은혜는 삶을 포기한 자가 아니라, 삶 안에서 하나님을 찾는 자에게 임한다. 이 시대에 필요한 것은 죽음의 미화가 아니라, 생명의 주권을 인정하고 그 생명을 하나님께 맡기는 믿음이다.

픽션으로 위장된 신화 모티프 무비

현대 대중문화는 단순한 오락을 넘어, 신화적 모티프와 종교적 상징들이 반복 재생산되는 공간이다. 〈반지의 제왕〉, 〈해리포터〉, 〈나니아

연대기〉와 같은 대중 판타지 시리즈는 고대 신화의 구조를 재구성하여 현대인의 영혼과 정체성을 사로잡았다. 이 작품들 속 영웅, 구원, 빛과 어둠의 대결, 종말과 부활 등의 주제는 전통 종교가 지니던 '종교적 신화'를 문화적 상징체계로 변형시켰다.[24]

이 작품들 속 영웅, 구원, 빛과 어둠의 대결, 종말과 부활 등의 주제는 전통 종교가 지니던 '종교적 신화'를 문화적 상징체계로 변형시켰다.
특히 〈반지의 제왕〉은 고대 신화의 창조 이야기라기보다는 독자적인 신화적 세계관을 창조해 선과 악, 구원, 희생 등의 주제를 현대적으로 재구성한 판타지 문학이다.

예컨대 〈반지의 제왕〉의 절대반지는 절대 권력과 타락, 구원과 희생의 상징이며, 〈해리포터〉의 마법 세계는 선과 악, 희생과 용서가 충돌하는 '현대 신화'다. 〈나니아 연대기〉의 아슬란은 기독교적 그리스도상을 은유하며 신화와 종교가 교차하는 접점을 보여준다. 이처럼 판타지 문화는 종교적 '신화'의 현대적 재현이며, 수많은 대중들이 신화적 세계관을 내면화하도록 만든다.[25]

하지만 이런 문화는 단지 허구가 아니다. 이처럼 판타지 문화는 수많은 대중에게 신화적 세계관을 내면화시키며, 현대인의 영혼과 정체성에 깊이 스며들고 있다. 대중들은 현실의 혼란과 불확실성 속에서 신화적 서사를 통해 정체성과 의미를 찾는다. 대중들은 현실의 혼란과 불확실성 속에서 신화적 서사를 통해 정체성과 의미를 찾는다. 이 과정에서 신화는 '문화'가 되고, 그 '문화'는 일종의 새로운 '종교'로 자리 잡는다.

이는 단순히 오락의 차원이 아니라 문화전쟁의 최전선이다. 고대 바벨탑 신화에서처럼, 인간은 다시 신들의 권위를 탐하며 새로운 '신화'를 통해 세상을 해석하고 자신의 정체성을 세운다. 따라서 판타지와 신화는 단순한 유희가 아니라, 현대인의 '영적 전쟁터'이며 '문화 예배'의 장이다.

아이돌로 귀환한 신화의 영웅들

한편, K-POP 아이돌 문화와 팬덤 현상은 또 다른 차원의 '신화적 제의'와 '종교적 숭배'를 보여준다. 아이돌은 단순한 연예인을 넘어 신화적 존재로 숭배되며, 팬덤은 거대한 공동체적 '의례'를 만들어낸다. 팬들은 콘서트, 팬미팅, 응원봉, 팬아트, 팬픽션 등을 통해 아이돌을 신격화하며 집단적 정체성을 형성한다.

특히 최근에는 팬들 스스로가 "나의 우상은 누구다."라고 고백하며 아이돌을 신적 존재로 떠받들고, '우상(idol)'이라는 단어 자체를 더 이상 부정적인 의미가 아닌 자랑스럽고 영광스러운 호칭으로 받아들이는 풍조가 형성되고 있다. 팬들은 단지 스타를 좋아하는 수준을 넘어, 그들을 따라 화장하고, 입고, 말하고, 심지어 닮아가고 싶어 한다. 무대 밖의 아이돌이 오히려 소박하고 절제된 일상을 살아가는 반면, 팬들은 무대 위의 화려한 이미지를 일상으로 끌어내려 한다. 이것은 단순한 취향이 아니라, 일상 속 종교의식처럼 기능한다.

이러한 현상은 고대 종교에서 신과 인간 사이의 제의적 상호작용과 닮아 있다. 아이돌 팬덤의 '의례'는 현대인들이 성서적 예배가 아닌 새로운 형태의 '문화 예배'를 드리는 현장이다. 팬덤은 '문화적 제단'이며, 아이돌은 '현대의 신'으로 재탄생한다. 특히 팬덤 내 '헌신'과 '희생', '집단 정체성'은 고대 종교에서 신앙 공동체가 경험했던 감정과 매우 흡사하다. 이들의 '의례적 활동'은 개인을 초월해 공동체 속에서 의미를 찾는 '종교적 체험'으로 기능한다. 이는 문화가 곧 종교가 되는 현대 사회의 단면이다.

콘서트는 그 자체로 하나의 예배 형식을 닮았다. 찬양 대신 히트곡이 불려지고, 팬들은 곡 하나하나에 환호하며 '자기 우상'을 향해 열광의 찬사를 보낸다. 공연 중간중간 아이돌은 시대의 아픔과 개인의 상처를 언급하며 '소망의 메시지'를 던진다. 관객들은 마치 설교에 반응하듯 눈물과 감정으로 화답하며 일종의 '아멘'을 외친다. 이 장면은 영화 〈트랩〉에서 여가수가 공연 중 메시지를 던질 때 팬들이 눈물로 반응하는 장면을 통해 극적으로 드러난다. 이는 종교적 의례와 매우 닮아 있으며, 아이돌 팬덤이라는 문화 공동체가 단순한 취향을 넘어 종교적 정체성과 영적 체험을 제공하고 있음을 보여준다.

현대 사회의 혼란과 불확실성 속에서 대중들은 신화적 서사를 통해 정체성과 의미를 찾는다.

이처럼 대중문화는 신화와 종교를 다시 불러내어 현대인의 삶을 지배하는 문화적 '신들의 귀환'을 구현한다. '바벨, 신들의 귀환! 문화는 종교다'라는 이 책에서 말하듯, 오늘날 문화는 더 이상 단순한 오락이 아니라, 인간의 마음과 삶을 지배하는 종교적 서사이며, 그 안에서 우리는 새로운 '제단'과 '예배'를 발견하게 된다. 교회가 신앙 공동체로서 예배와 신앙을 지키려면, 이 '문화적 예배'의 실체를 정확히 인식하고 그에 대응하는 영적 분별과 문화 전쟁 의식을 가져야 한다.

우리 시대의 황금송아지, 아이돌과 시내산 아래서 떼창

현대 문화 속에서 지속적으로 발전해 온 아이돌 팬덤 문화는 오늘날의 문화 현상 중에서 가장 흥미로운 예배의 변형은 바로 아이돌 팬덤 문화다. 이 팬덤은 단순한 '연예인 사랑'을 넘어선 집단적 숭배와 헌신의 모습을 보인다. 팬들은 자신이 지지하는 아이돌을 '신'과 같이 숭배하며, 그들의 말과 행동, 심지어 존재 자체에 깊은 의미와 가치를 부여한다. 이 현상은 고대 산당에서 신을 위한 제사가 이루어지던 예배의 모습과 여러 면에서 닮아 있다.

팬덤은 일종의 '현대 산당'이다. 팬들은 콘서트, 팬미팅, 온라인 커뮤니티 등에서 모여 '제의'와 같은 의식을 치르며, 자신들이 숭배하는 대상을 중심으로 한 공동체를 형성한다. 이 공동체 안에서는 아이돌의 성공과 행복이 곧 '구원'과 같은 의미로 여겨지고, 팬들은 이를 위해 시간과 재물을 아끼지 않는다. 이처럼 팬덤은 개인의 정체성과 소속감을 제공하며, 삶의 큰 부분을 차지하는 종교적 경험으로 자리 잡는다.

이러한 팬덤의 예배적 성격은 드라마 〈아이돌, 더 쿠데타〉와 영화 〈스타이즈 온 미〉에서도 잘 드러난다. 이 작품들은 아이돌과 팬들 간의 헌신과 숭배가 단순한 팬심을 넘어 집단적 의례와 신앙적 열광으로 확장되는 과정을 사실적으로 보여준다.

더 나아가 아이돌과 팬덤의 관계는 일종의 '계약적 예배'이기도 하다.

팬은 헌신과 사랑을 바치고, 아이돌은 자신의 예술적 성취와 퍼포먼스를 통해 팬들에게 보답한다. 그러나 이러한 관계는 때때로 '신격화'라는 위험을 내포한다. 팬들이 아이돌의 말 한마디, 행동 하나에 과도한 의미를 부여하면서, 본래의 인간적인 한계를 잊고 우상화하는 경우가 많다.

이 현상은 결국 '문화는 종교다'라는 책의 주제를 극명하게 보여 준다. 현대 대중문화 속 신화적 모티프와 숭배 구조는 고대 산당과 별반 다르지 않다. 미디어가 아이돌을 신화적 영웅으로 만들고, 팬덤은 그것을 바탕으로 새로운 종교적 공동체를 구축한다. 이는 미디어를 통한 신들의 귀환, 그리고 문화적 예배의 새로운 장면이다.

따라서 교회는 이 현상을 무시하거나 경계만 할 것이 아니라, 깊이 연구하고 그 본질을 분별해야 한다. 아이돌 팬덤의 예배적 속성을 이해함으로써, 우리는 오늘날 예배의 왜곡과 문화적 숭배가 어떻게 작동하는지를 파악할 수 있으며, 진정한 하나님 중심 예배 회복을 위한 전략을 모색할 수 있다.

VII.
무너진 제단, 스스로를 구원하려는 믿음!

복음을 대체하는 심리학과
자기 위안을 '임재'라 부르는 시대

교회의 위기를 제도적 쇠퇴나 도덕적 문제로만 진단하는 것은 본질을 비껴간다. 가장 근본적인 위기는 바로 예배의 중심이 무너졌다는 사실이다. 예배는 단지 모임의 형식이 아니라, 인간 존재 전체가 하나님 앞에 어떤 자세로 서 있는지를 결정짓는 자리다. 그러나 이 제단이 무너졌고, 사람들은 더 이상 하나님을 중심에 두지 않는다. 그 자리에는 하나님이 아닌 '나 자신'이 놓여 있다.

예배는 본래 창조주 앞에서 피조물로 머리 숙이는 자리다. 인간은 그 자리에서 자기 자신을 부인하고, 하나님께 순종하며, 전 존재를 헌신하는 법을 배웠다. 하지만 그 자리를 대신한 것은 '자기 표현'과 '감정의 연출'이다.

이것을 성경은 경고한다. "이는 저희가 하나님의 진리를 거짓 것으로 바꾸어 피조물을 조물주보다 더 경배하고 섬김이라."(롬 1:25) 이 말씀은 단지 고대의 우상숭배를 가리키는 것이 아니다. 오히려 '자기 자신

을 예배의 대상으로 삼는' 현대인의 실존을 겨눈 말씀이다.[1]

이러한 전환은 특히 대중 심리학과 자기계발 메시지 속에 더욱 분명해진다. '당신은 특별하다.', '당신 안에 답이 있다.'는 식의 메시지는 단순한 위로가 아니다. 그것은 창세기에서 뱀이 하와에게 속삭였던 "너희가 하나님같이 될 것이다."(창 3:5)라는 말의 현대어 번역본이다.

대표적인 예는 오늘날 TV 프로그램이나 콘서트 형식으로 구성된 '심리 회복 쇼'들이다. 이들 콘텐츠의 핵심 메시지는 '자기 회복'이며, 그 방식은 '자기 자신을 사랑하라.'는 감성적 명령이다. 문제는 이러한 회복 서사에서 하나님이 철저히 배제된다는 점이다. 인간은 스스로를 위로하고, 스스로에게 의미를 부여하며, 결국 스스로를 숭배하는 자기완결적 세계관 안에 머문다. 이 구조는 예배의 외형을 갖추고 있지만, 실상은 하나님 없이 드려지는 인간 중심의 가짜 예배일 뿐이다.[2]

내면의 거울을 통해 본 자기 정체성

현대 심리학은 '자기 정체성'이라는 개념을 중심으로 인간 존재의 의미를 탐구한다. 많은 이들이 자기 이해와 자아 확립을 통해 삶의 목적과 행복을 추구하지만, 이러한 자기 정체성의 추구가 하나님 중심 예배와 충돌할 때 문제가 발생한다. 자기 정체성 심리학은 '내가 누구인가.'라는 질문을 감정적 경험과 개인적 성취에 근거해 해석하며, 절대 진리 대신 상대적이고 가변적인 자기 이미지를 강조한다.

이러한 관점은 예배의 본질을 왜곡할 위험이 크다. 예배는 하나님 앞에서 자신의 참된 존재를 고백하고 회개하며, 하나님의 주권과 은혜를 경험하는 자리이다. 그러나 자기 정체성 심리학은 '나'를 중심에 둔 자기 완성의 공간으로 예배를 변질시키기도 한다. 그 결과 예배는 하나님의 임재를 만나는 장이기보다, 개인의 정체성을 확인하고 긍정하는 자기 충족의 무대로 전락할 수 있다.

특히 현대 교회 안에서 자기 정체성 심리학은 내면의 상처 치유를 넘어, 인간이 스스로 자신의 존재 의미와 가치를 정의하는 힘으로 작용한다. 이로 인해 교회 안에도 은밀히 침투해 하나님 중심 예배 대신 '나'를 신격화하는 현상이 나타난다. 따라서 교회는 변질된 자기 정체성 추구를 성경적 진리로 바로 세우는 신학적 분별과 교육에 힘써야 한다.[3]

나르시시스트, 자아 숭배의 심리학

요즘 많은 사람들이 교회에서 찾기 어려운 위로와 회복을 대중 심리학과 자기계발 문화에서 발견한다. '내 감정이 더 소중해.', '나는 맞고 너는 틀리다.', '세상은 온통 나를 중심으로 돌아간다.'는 식의 메시지가 대표적이다. '나 자신을 사랑하라.', '내면의 상처를 치유하라.', '자기 이해를 통해 행복해져라.'라는 긍정적 권면도 많지만, 하나님을 중심에 두지 않는 회복은 결국 '자기 숭배'로 빠지기 쉽다.[4]

특히 현대 심리학에서 중요한 개념 중 하나인 '나르시시즘(자기애)'은 신화 속 나르키소스 이야기와 맞닿아 있다. 그리스 신화에서 나르키소스(Narcissus)는 자신의 얼굴을 연못에 비친 모습으로 보고 사랑에 빠진 인물이다. 그토록 자신의 모습에 매혹된 그는 결국 물에서 눈을 떼지 못하고 시들어 죽고 만다. 그 자리에 피어난 꽃이 '나르시서스(narcissus)', 곧 수선화다. 이 신화는 단순한 교훈을 담고 있는 이야기가 아니다. 그것은 인간 본성 안에 도사리고 있는 '자기애(narcissism)'라는 심리적 메커니즘을 상징적으로 드러낸다. 그리고 오늘날 이 자기애는, 단지 한 개인의 성향을 넘어, 문화 전체를 지배하는 거대한 흐름이 되었다.[5]

심리학에서 나르시시즘은 자기 자신에 대한 과도한 집착, 외부로부터의 인정에 대한 집요한 욕구, 비판에 대한 과민반응, 그리고 타인의 경계를 무시하고 자신의 감정을 중심으로 세계를 해석하려는 성향으로 정의된다. 이 개념은 원래 정신병리적 증후군의 하나로 연구되었지만, 현대 사회에서는 '건강한 자기애'라는 개념으로 포장되어 대중문화 속에서 미화되기도 한다. 그러나 그 본질이 변한 것은 아니라는 점을 주목해야 한다. 나르시시즘은 결국 '자기 자신을 신의 자리에 앉히는 욕망'이며, 이는 예배의 본질과 근본적으로 충돌한다.[6]

더 나아가 따지고 보면, 하나님께 도전하는 이 반역의 심리는 인간 내면 깊숙이 도사리고 있는 죄성의 표현이다. 이는 회개 없이는 결코 용서받을 수 없는 죄이며, 본래 죄로 여겨져야 할 것을 심리학적 용어로 바꾸고, 신화적 서사로 포장함으로써 점진적으로 죄의 본질을 흐리게 만든다. 결국 죄를 죄로 인식하지 못하게 하고, 스스로를 합리화하는 자기기만에 빠지게 된다. 이것이 바로 신화와 심리학이 결합할 때 드러나는 가장 섬뜩한 메시지이며, 우리 시대가 경계해야 할 가장 깊은 오류다.[7]

예배란 하나님을 하나님 되게 하며, 인간은 그 앞에 피조물로서 머리를 숙이는 자리다. 그러나 나르시시즘이 팽배한 사회에서는 이 구조 자체가 무너진다. 예배의 초점은 점점 '하나님'이 아니라 '나'에게 옮겨지고, 예배당은 하나님의 임재보다 '내 감정의 해방'을 추구하는 공간이 된다. 설교는 하나님의 말씀보다는 '나를 위한 조언'이 되고, 찬양은 경배가 아니라 '내 감정을 고양시키는 음악적 도구'가 되며, 기도는 하나님께 드리는 고백이 아니라 '자기 자신을 다독이는 독백'으로 변질된다.[8]

나르시시즘은 감정 중심의 문화와 결합할 때, 더욱 위험한 예배의 왜곡을 낳는다. 하나님 앞에 나아가는 회개의 자리 대신, 자신을 있는 그대로 수용하고 사랑하라는 '자기 수용'의 메시지가 강단을 차지한다. 자기비하가 곧 죄책감이며, 죄책감은 비정상이라는 논리가 팽배해지면서, 복음의 중심인 회개와 속죄의 언어는 점점 사라져간다.

더 무서운 점은, 이 나르시시즘이 이제는 교회 안에서도 '신앙적 언어'를 입고 늘어온다는 사실이다. 자기애적 신앙, 곧 '하나님을 믿는 이유조차 나를 위한 것'이 되는 구조다. 하나님은 나를 축복하기 위해 존재하고, 말씀은 나를 치유하기 위한 도구이며, 신앙생활은 결국 내 자존감 회복의 수단으로 축소된다. 나르시시즘은 이렇게 신앙의 외형은 그대로 두면서, 교묘하게 그 초점을 바꾸어 놓는다. 그 결과, 교회는 여전히 '예배'라는 형식을 유지하지만, 그 자리에 앉은 이는 하나님이 아니라 '자기 자신'이며, 스스로를 찬양하고 스스로에게 영광을 돌리는 예배의 전복이 일어난다.[9]

예배는 누구를 위한 것인가? 이 질문은 단지 신학적 주제가 아니라, 오늘날 교회와 성도들이 가장 치열하게 직면해야 할 영적 전쟁의 최전선이다. 나르시시즘은 단지 심리학적 이슈가 아니라, 신화 속에 뿌리 박힌 오래된 인간의 본능이며, 현대 문명 속에서 가장 은밀하게 침투한 우상숭배의 구조다. 그리고 이 구조는, 우리가 다시 무너진 제단을 세우고자 할 때, 반드시 먼저 분별하고 무너뜨려야 할 것은 바로 이 '보이지 않는 신전'이다. 이것은 외부의 위협이 아니라, 내 안에 세워진 가장 견고한 여리고 성이다.[10]

MBTI는 자기 이해인가, 정체성의 우상화인가?

심리학이 대중문화의 언어가 된 시대, MBTI는 단순한 성격유형 검사 도구를 넘어선 사회현상이 되었다. 성도들 사이에서도 MBTI 유형이 일종의 자기이해와 관계 해석의 기준으로 기능하면서, 성경보다도 더 자주 언급되는 분류 체계가 되었다. 교회 청년부 모임, 교제, 심지어 성경공부 시간조차도 "ENFP는 이렇대.", "INTJ는 저렇대."라는 말이 자연스럽게 오가고 있다. 특히 감성적인 사람을 F로, 차갑고 이성적인 사람을 T로 단순화하여 분류하면서, 사회적 공감을 받지 못하는 T유형의 사람에게는 '너 T야?'라는 유행어가 생겨날 정도다.

이는 공감 능력이 부족한 사람으로 낙인찍는 효과를 낳는다. 오늘날 우리가 살아가는 사회는 이미 다양한 영역에서 양극화로 인한 갈등이 심화되고 있다. 그런데 MBTI는 그러한 사회적 분열에 또 하나의 기준을 더하며, 공동체 안에서도 또 다른 갈등과 단절을 만들어낸다. 이 흐름은 그저 가벼운 심리 놀이가 아니라, 더 깊은 신학적 질문을 던진다. 과연 MBTI는 신앙과 양립할 수 있는가? 혹은, 지금 우리는 그것을 절대적인 믿음의 대상으로 삼고 있는 것은 아닌가?[11]

MBTI는 칼 융(Carl Jung)의 심리 유형 이론을 기반으로 개발되었다. 융은 인간의 무의식을 신화와 원형(archetype)의 구조로 설명했으며, 그의 이론은 고대 종교, 점성술, 연금술 등과 깊은 연관성을 가진다. 그의 심리학은 철저히 인본주의적이며, 스스로의 내면 탐구를 통해 '자기실현'에 이르는 것을 이상으로 삼는다. MBTI 역시 이러한 자기 탐색의 도구로서, 인간 안에 내재된 자아의 잠재력을 해석하려는 시도로 탄생한 것이다.

MBTI는 교회 안에서 신앙의 깊이를 더하기보다는 오히려 인간을 자의적으로 해석하고 규정하는 절대적 잣대로 작용하는 경우가 많다. '나는 이런 사람이야.'라는 선언은 자아를 고정시키고, 자신과 다른 이들과의 관계를 멀어지게 하며, 복음이 가르치는 변화와 성숙, 자아의 죽음이라는 근본적인 진리와 충돌한다. 결국, 심리학적 유형 분류는 신앙의 본질을 흐리고 자기 숭배를 조장하는 도구가 될 위험성이 크다. 이 흐름은 복음이 말하는 변화와 성숙, 자아의 죽음이라는 핵심 주제와 충돌한다.

특히 교회 내에서 MBTI가 과도하게 사용될 때, 성도들은 하나님의 형상(Imago Dei)보다 '16가지 유형'으로 자신을 이해하게 된다. 성경은 우리가 본질상 죄인이며, 하나님의 은혜로 새 사람이 되어 간다고 말한다. 그러나 MBTI는 인간의 현재 상태를 절대화하고, '변화보다는 유형의 이해'에 머무르게 한다. 더 나아가, MBTI가 인간의 정체성을 결정짓는 기준이 되면서, 하나님 중심의 자아가 아닌, 심리학적으로 규정된 자아에 예배의 중심이 옮겨지게 된다.

이런 점에서 MBTI는 단순한 도구로 소비될 수 없다. 그것은 자기 이해라는 이름으로, 자아를 정당화하고, 복음이 요청하는 회개와 변화의 필요를 희석시키는 위험을 내포하고 있다. 예배는 '나는 누구인가.'보다, '그분이 누구신가.'를 묻는 자리다. MBTI와 같은 심리학적 분류는 이전에는 주로 대중문화나 개인적 자기 이해의 도구였으나, 이제는 교회 내에서도 광범위하게 수용되며 예배와 신앙생활의 방향에 미묘한 변화를 일으키고 있다. 본 장에서는 이 흐름이 예배에 미치는 영향을 짚어보고, 심리학과 신화가 교회 내에서 어떻게 예배를 무너뜨리는 도구로 작용하는지에 대한 근본적 성찰을 시도한다.[12]

인간은 하나님을 아는 그 자리에서만 자기 자신을 바르게 이해할 수 있다. 자기 안을 들여다보는 것이 아니라, 하나님을 바라볼 때 진짜 '자기'가 드러난다. 이것이 복음의 길이며, MBTI와는 본질적으로 다른 길이다.

자기 이해를 말하는 모든 길이 진리일 수는 없다. 진리는 단 하나, 하나님을 아는 지식에서 시작된다.[13]

영화와 신화를 통해 본 현대 심리학

현대 심리학이 단순한 과학적 분석의 틀을 넘어, 오히려 새로운 종교적 감성과 결합된 일종의 신화적 내러티브를 제공하고 있다는 사실은 잘 알려져 있다. 그 중심에는 인간 자아를 절대화하는 흐름이 있으며, 이 흐름은 영화나 문학 등 대중문화의 매체들을 통해 더욱 선명하게 드러난다.

예컨대 〈인사이드 아웃〉, 〈소울〉, 〈엘리멘탈〉과 같은 디즈니·픽사 애니메이션은 단순한 어린이용 콘텐츠가 아니라 인간 내면의 감정, 정체성, 심지어 영혼에 관한 심리학적 주제를 다룬다. 이들 작품은 칼 융(Carl Jung) 심리학에서 말하는 '자기(self)' 혹은 '개성화 과정'을 시각화하며, 무의식과 감정의 조화를 통한 자아 회복이라는 서사를 전한다.

특히 〈소울〉은 인간 존재의 의미, 삶의 목적, 죽음 이후의 세계라는 근본적 질문을 제기하면서도, 초월자의 개입 없이 인간 내면에서 해답을 찾아낸다. 이러한 서사는 본질적으로 인간 자아를 신격화하는 방향으로 흐른다.

한편, 판타지 문학과 시리즈물에서도 심리학적 상징과 내면적 성장이 두드러진다. 그러나 이 작품들은 전통 종교의 신성한 계시를 직접적으로 따르기보다, 인간의 내면적 여정을 중심으로 현대적 메시지를 구현한다.

이는 단순한 '종교적 신화'의 재현이 아니라, 인간 자신을 진리의 중심에 놓는 내러티브로서, 오늘날 심리학적 사고와 결합하여 독자와 관객에게 깊은 공감을 불러일으킨다.

신화는 원래 인간이 삶의 의미를 해석하고, 초월을 설명하기 위해 구성한 상징 체계였다. 그러나 오늘날 심리학은 그 신화의 자리를 차지하고 있다. 영화를 통해 대중은 자신의 감정과 정체성을 성찰하며, 그 과정에서 심리학적 언어를 '구원 서사'로 받아들이는 것이다.

이처럼 영화와 문학에 녹아든 심리학적 신화는, 더 이상 단순한 치유나 자기 이해의 도구가 아니라, 인간을 예배의 대상으로 세우는 새로운 종교가 되고 있다. 이 종교는 '하나님이 인간을 만든 것이 아니라, 인간이 스스로의 신이 된다.'는 내러티브를 반복적으로 각인시키며, 대중의 내면 깊숙이 자리 잡는다.

그리고 이러한 문화적 신화는 교회 안에도 이미 침투해 있다. 많은 신자들이 주일예배보다 영화 속 대사나 감동적인 장면에서 더 큰 위로와 감동을 받고, 그것을 삶의 지침으로 삼는다. 예배가 아닌 영화가 예언자의 역할을 대신하고, 심리학이 복음을 대체하는 시대 이것이 우리가 직면한 문화전쟁의 현실이다.[14]

복음과 심리학, 두 세계관의 충돌

교회 안에서 심리학은 하나의 상식처럼 받아들여지고 있다. 설교자들은 '자존감', '자기 수용', '내면의 치유'라는 언어를 자연스럽게 사용하는 데 익숙해졌고, 회중들 역시 성경보다 먼저 심리학적 언어로 자신을 이해하려 한다. 이러한 흐름은 단순한 '도구의 차용'으로 끝나지 않는다. 문제는 이 심리학적 세계관이 복음의 본질과 충돌하고 있다는 데 있다. 두 체계는 인간을 어떻게 이해하고, 어떻게 회복시키며, 누구를 중심에 두는가에 있어 전혀 다른 길을 걷는다.[15]

복음은 인간을 죄인으로 선언한다. 그 죄는 단순한 실수나 심리적 상처가 아니라, 창조주 하나님을 거부하고 자기 자신을 인생의 주인으로 삼으려는 근본적 반역이다. 이 반역에서의 회복은 '자기 수용'이나 '감정 해방'이 아닌, '회개'와 '하나님께로의 회심'을 통해 가능하다. 복음은 인간 스스로를 치유하거나 구원할 수 없다는 사실을 전제로 하며, 오직 하나님의 은혜만이 인간을 새롭게 할 수 있다고 선포한다.

회복은 언제나 예배에서 시작된다. 정확히 말하자면, 진정한 회복은 회개를 통한 돌이킴으로, 하나님 앞에 다시 서는 예배의 자리에서 시작된다. 예배는 단지 형식이 아니라, 하나님과의 관계를 다시 정립하고 그분의 주권을 인정하는 전인격적 복종의 표현이기 때문이다. 따라서 무너진 삶과 참된 치유는 자기를 바라보는 것이 아니라 하나님을 바라보는 데서 비롯된다. 이것이 복음이 말하는 회복의 방향성이다.[16]

반면 대중 심리학은 인간을 근본적으로 '상처 입은 존재'로 정의한다. 문제의 원인은 외부에 있고, 치유의 방법은 '자기 이해'와 '자기 수용'에 있다. 이 구조 속에서 인간은 스스로를 끌어안고, 해석하며, 회복하는 주체가 된다. 여기엔 초월자가 필요 없다. 오히려 '타인의 기준'이나 '외부 권위'는 상처를 일으키는 억압으로 간주된다. 결과적으로 하나님이라는 존재 역시 '심리적 부담' 혹은 '내면의 자유'를 방해하는 요소로 여겨질 수 있다. 심리학은 "너는 괜찮은 존재야. 있는 그대로 소중해."라고 말하지만, 복음은 "너는 죄인이며 회개해야 하고 하나님이 너의 유

일한 소망이다."라고 선포한다.[17]

이 두 체계의 가장 근본적인 차이는 '중심'이 누구인가에 있다. 복음은 하나님 중심의 세계관이며, 회복의 목적도 하나님과의 관계 회복, 즉 '하나님께 영광 돌리는 삶'을 목표로 한다. 반면 심리학은 인간 중심의 세계관으로, '자기 자신의 온전함'과 '감정적 평안'을 회복의 기준으로 삼는다. 이 충돌은 예배 안에서도 분명하게 드러난다. 복음의 예배는 하나님 앞에서 무릎 꿇는 자리지만, 심리학적 예배는 자기 감정을 위로받고 싶은 충족의 자리다. 복음은 '하나님이 중심'이라고 말하지만, 심리학은 '너 자신이 중심'이라고 속삭인다. 이것은 단순한 언어 차이기 아니라 세계관의 근본적 충돌이다.[18]

문제는 이 심리학적 세계관이 점점 교회의 메시지를 대체하고 있다는 점이다. '자기 이해'와 '감정의 수용'은 회개와 경외를 밀어내고, '감동적인 위로'가 진리를 선포하는 설교를 대신한다. 사람들은 설교에서 복음을 기대하기보다 '공감'과 '위로'를 찾는다. 심리학은 복음을 위장한 채 들어왔고, 사람들은 그것이 여전히 '기독교적'이라고 믿는다. 그러나 하나님이 사라진 위로는 결국 자기중심의 산당 예배로 전락할 수밖에 없다.

복음과 심리학은 쉽게 혼합될 수 없다. 출발점도 다르고 도착점도 다르며 인간에 대한 이해 자체가 다르다. 교회는 다시 질문 앞에 서야 한다. '우리는 복음을 전하고 있는가, 아니면 감정을 위로하고 있는가?' '우리는 하나님을 높이고 있는가, 아니면 사람을 만족시키고 있는가?' 교회가 교회 되기 위해서는 다시 복음으로 돌아가야 한다. 죄와 회개, 하나님의 은혜라는 복음의 언어로 사람을 세워야 한다. 위로의 언어로는 영혼을 구원할 수 없고, 자기 수용으로는 회개가 일어나지 않는다. 자기부인과 자기 십자가를 짊어질 용기, 오직 복음만이 예배를 예배 되게 하고 교회를 교회 되게 한다.[20]

그리스신화 나르시스- 나르시즘 유래

VIII.
맘몬, 기복신앙과 물질 숭배의 문화

풍요의 신 맘몬과 물질만능주의 시대

'돈이 전부는 아니지만, 없으면 아무것도 할 수 없다.' 이 말은 단순한 현실 인식처럼 보이지만, 사람들이 물질을 어떻게 바라보고 의지하는지를 보여주는 하나의 신앙고백이다. 돈은 더 이상 단순한 교환 수단이 아니다. 삶의 의미와 성공, 자존감과 가치마저 결정짓는 신적 권위를 갖는다. 물질이 곧 신이 된 것이다.

성경은 이미 오래전부터 이러한 맘몬(Mammon)의 지배를 경고해왔다. 예수께서는 "한 사람이 두 주인을 섬기지 못할 것이니… 너희가 하나님과 재물을 겸하여 섬기지 못하느니라."(마 6:24)고 말씀하셨다. 여기서 말하는 '재물'이 바로 맘몬이다. 이는 단순한 돈이 아닌, 인간의 마음과 예배를 차지하려는 우상으로서의 돈을 가리킨다.[1]

현대 사회는 맘몬 숭배의 구조 위에 세워져 있다. 광고와 미디어는 끊임없이 우리에게 외친다. '당신은 더 많은 것을 가질 자격이 있다.', '당신은 더 좋은 것을 누릴 수 있다.' 이는 단순한 소비를 넘어, 풍요 자체를 인생의 목적이자 정체성의 근거로 삼도록 만든다. 모든 선택과 가치판단은 '얼마나 이득이 되느냐', '얼마나 더 누릴 수 있느냐.'를 중심으로 재편된다. 그리고 이 흐름은 교회 안에서도 자연스럽게 스며든다.

기복신앙은 이러한 맘몬 숭배의 종교적 버전이다. 하나님은 복을 주는 수단이 되고, 신앙은 성공과 번영을 위한 도구가 된다. 기도는 간구가 아니라 주문이 되고, 예배는 헌신이 아니라 거래가 된다. 결국 예배당조차 '번영의 제단'이 되고, 설교는 하나님의 말씀보다 동기부여 강연에 가까워진다. 맘몬은 이제 교회 안에서도 숭배받는다.

문화는 종교다. 오늘날의 문화가 끊임없이 보여주는 '풍요의 환상'은 단순한 취향이 아니다. 그것은 가치의 기준을 정하고, 인간의 욕망을 길들이고, 삶의 방향을 결정짓는 일종의 예배이다. 사람들이 따라가는 것은 유행이 아니라 신이다. 그 이름은 '맘몬'이다.

미디어가 주입하는 소비의 세계관

미디어는 단순한 오락이나 정보 전달 수단이 아니다. 그것은 인간의 욕망을 자극하고, 새로운 가치를 설계하며, 소비를 통해 정체성을 형성하는 강력한 문화적 제단이다. 과거에는 성전이 인간의 삶을 중심에서

통제했다면, 현재는 미디어가 그 자리를 대신하고 있다.[2]

　유튜브, 넷플릭스, 예능 프로그램, SNS 등은 인간의 감정과 욕망을 정교하게 분석하여, 그에 맞는 이미지와 스토리를 통해 끊임없이 소비를 유도한다. 그 결과, 우리는 무언가를 '갖는' 것이 곧 '존재하는 것'처럼 여겨지도록 길들여지고 있다.

　특히 한국 사회는 소비와 물질적 성공을 개인 정체성과 직결시키는 문화에 깊이 물들어 있다. 최근 예능 프로그램에서는 연예인들의 일상을 자연스럽게 보여주는 콘텐츠가 주류를 이루고 있다. 그 안에는 해외여행, 고급차, 명품 소비 등 화려한 삶의 단면들이 반복적으로 노출되며, '이렇게 살아야 한다.'는 은근한 메시지를 시청자에게 각인시키고, 상대적 박탈감에 빠지게 만든다.[3]

　유튜브 알고리즘은 시청자의 관심사를 빠르게 분석하여, 끊임없이 더 자극적인 영상과 제품을 추천한다. 이런 구조는 단순한 마케팅이 아니라, '어떻게 살아야 하는가.'에 대한 가치 판단을 미디어가 대신 내려주는 상황을 만들어 내고 있다. 특히 맛집 기행, 고급 인테리어로 꾸민 연예인의 집, 럭셔리한 취미 생활 등은 일반 대중이 쉽게 누릴 수 없는 삶의 방식임에도 반복적으로 노출되어, 현실과의 괴리를 더욱 극대화한다. 이는 시청자들에게 '나는 충분하지 않다.'는 감정을 각인시키고, 소비를 통한 자기 정체성의 보완을 강요하는 문화적 압박으로 이어진다.

이러한 흐름 속에서 물질은 단순한 필요를 넘어 존재의 의미가 된다. 무엇을 소비하는가가 곧 '누구인가.'를 결정하고, '성공한 삶'이란 곧 '많이 가진 삶'으로 정의된다. 이 지점에서 맘몬은 단순한 상징이 아니라, 실제로 예배받는 신으로 작동한다. 우리는 돈을 벌기 위해 시간을 드리고, 열정을 쏟고, 자신의 감정을 투자한다. 곧 그것은 제사이고 예배다. 그리고 그 제단은 미디어가 만든다.[4]

너 심삭한 분제는 이러한 세계관이 교회 안에까지 스며들었다는 점이다. 복은 곧 물질적 축복이라는 공식이 암묵적으로 받아들여지고 있으며, 헌금이나 사업 성공 간증은 믿음의 지표처럼 소비된다. 하나님은 더 이상 전능하신 창조주가 아니라, '성공을 위한 조력자'로 기능하며, 신앙은 자기실현의 도구로 전락한다. 예배조차 철저히 감정과 성취 중심으로 바뀌고 있으며, 말씀이 아닌 '경험'이 중심이 된다.

그러나 성경은 분명히 말한다. "너희가 하나님과 재물을 겸하여 섬기지 못하느니라."(마 6:24) 맘몬은 단순한 돈이 아니다. 그것은 삶을 지배하는 세계관이며, 인간의 영혼을 장악하는 종교다. 미디어는 이 맘몬 종교의 예배당이며, 소비는 그 예배 행위다. 교회가 다시 복음으로 돌아가지 않는다면, 우리는 알지 못하는 사이에 맘몬의 제단 앞에서 예배드리고 있을지도 모른다.

맘몬 제국의 물질은 어떻게 신이 되었는가

더 이상 물질은 단순한 생존 수단이 아니다. 그것은 곧 지위이며, 정체성이며, 존재의 가치를 증명하는 기준이 된다. 사람들은 무엇을 소비하고, 어떤 브랜드를 사용하는지로 자신을 설명한다. 이는 단지 자본주의의 경제 구조 때문이 아니다. 인간의 내면 깊은 곳에 숨어 있는 종교적 갈망, 곧 신을 섬기고 싶어 하는 본성 때문이다. 문제는 그 섬김의 대상이 더 이상 창조주 하나님이 아니라, 맘몬이라는 이름의 신이라는 데 있다.

맘몬은 단순히 '돈'을 의미하지 않는다. 그것은 물질에 신적 의미를 부여하는 문화적 상징이다. 사람들은 돈을 통해 안전을 확보하고, 돈을 통해 행복을 추구하며, 돈을 통해 자아를 실현한다. 이것은 하나님께 기대야 할 모든 것을 돈이라는 수단에 기대고 있다는 뜻이다. 맘몬은 단지 거래의 매개가 아니라, 삶의 구원자로 자리 잡았다.

이러한 흐름은 미디어를 통해 더욱 강화된다. 광고는 끊임없이 말한다. '이 제품을 사면 당신은 달라질 것이다.', '이 서비스를 이용하면 삶이 완성될 것이다.' 드라마나 예능은 자연스럽게 부와 명예를 가진 이들의 일상을 보여주며, 그것이 성공이고 행복임을 내면화시킨다. 연예인들의 소비 생활은 그 자체로 하나의 '라이프스타일 신화'가 되어 대중을 이끈다.[5] 이 모든 흐름은 물질이 곧 구원이라는 맘몬 종교의 설교와도 같다.

더 큰 문제는 이러한 가치 체계가 교회 안으로까지 들어왔다는 점이다. 성공한 간증, 물질적 축복을 강조하는 설교, 헌금과 축복 사이의 등가 관계를 암묵적으로 강조하는 문화는 맘몬 숭배를 기독교 언어로 포장한 또 다른 형태의 우상 숭배이다. 사람들은 하나님을 사랑한다고 말하지만, 실제로는 하나님을 통해 맘몬을 얻고 싶어 한다. 하나님은 수단이 되고, 맘몬이 목적이 되는 이 전도된 질서는, 바알과 아세라를 섬기며 여호와의 이름을 부르던 이스라엘의 산당 신앙과 다르지 않다.

문화는 종교다. 그리고 이 문화는 맘몬이라는 신을 숭배하게 만든다. 문제는 이 종교가 너무도 세련되고, 논리적이며, 매력적이라는 것이다. 인간은 자기가 섬기고 있는 것이 맘몬인지도 모른 채, 자신의 시간과 에너지, 심지어 가족과 삶 자체를 맘몬에게 바친다. 사람들은 더 많이 갖기 위해, 더 높은 자리로 올라가기 위해, 끊임없이 경쟁하고 욕망을 좇으며 때로는 자신과 타인을 희생한다. 그리고는 이렇게 말한다. "이 모든 것이 가족을 위한 것이야." 하지만 실상 그것은 맘몬을 위한 제물이 되어버린 경우가 많다.

결국 이 시대의 진짜 제단은 은밀하고도 강력한 힘을 지닌 맘몬 앞에 놓여 있다. 우리는 그것을 미디어 속에서, 일상의 언어 속에서, 교회의 강단 위에서도 발견한다. 그리고 그 제단 위에서 예배받는 대상은 여전히 자신의 욕망이다.[6]

신화에 못 박히고, 신용카드로 부활한 맘몬과 바알

소비는 더 이상 단순한 경제 활동이 아니다. 소비는 문화이며, 문화는 곧 종교이다. 오늘의 소비는 기능이나 생존을 위한 필요를 넘어선다. 우리는 소비를 통해 정체성을 표현하고, 소속감을 얻으며, 감정적 만족을 추구한다. 이 모든 소비의 구조를 움직이는 원형적 상징은 고대의 신화들, 곧 풍요와 부를 주관하던 신들에서 그 뿌리를 찾을 수 있다.[7] 오늘의 소비문화는 바로 이 신화적 원형, 곧 맘몬과 바알의 귀환을 통해 설명될 수 있다.

성경 속에서 바알은 비와 풍요를 주관하던 가나안의 대표적 우상이었다. 사람들은 농사의 번영을 기대하며 바알에게 제사를 드렸고, 그 풍요는 곧 생존과 성공을 의미했다. 현대인은 더 이상 밭을 갈며 풍요를 구하지 않는다. 그러나 그 마음속에는 여전히 바알의 신화가 살아 있다. '더 많이', '더 빠르게', '더 좋게'라는 소비의 충동은, 인간의 깊은 곳에서부터 솟아나는 종교적 열망의 표현이다. 단지 바알이라는 이름이 지워졌을 뿐, 풍요의 신은 여전히 살아 있고, 더 세련된 방식으로 예배받고 있다.

맘몬은 신약에서 예수께서 언급하신 물질의 신이다. (마 6:24)[8] 그는 단지 돈을 의미하지 않는다. 맘몬은 돈에 대한 충성, 물질에 의한 통제, 그리고 인간 삶을 지배하는 가치 체계 자체를 말한다. 사람들은 돈이 있는 곳에 마음이 있다고 말하고, 돈이 모든 것을 가능하게 한다고 믿는다. 그 믿음은 곧 신앙이며, 맘몬은 그러한 믿음의 대상이자 오늘의 문화적 제단 위에 놓인 신이다. 소비와 돈은 현대인의 종교적 실천의 중심이며, 맘몬은 그 실천을 통해 예배받는다.

현대 광고는 이 신화를 적극적으로 활용한다. 물건은 단지 기능적 효용만을 팔지 않는다. 그것은 삶의 질, 성공, 아름다움, 자유, 심지어 영혼의 해방까지도 약속한다. 예를 들어 명품 브랜드는 단순한 제품이 아니라 '삶의 품격', '당신의 가치'를 판다. 최신 스마트폰 광고는 더 빠르고 더 강력한 성능을 강조하지만, 그 핵심 메시지는 '당신은 특별하다.'는 자기 이미지의 포장이다.

소비는 이제 자기 자신을 꾸미는 종교적 행위가 되었고, 신화는 이 행위의 영적 동기를 제공하는 배경이 되었다. 이러한 신화적 소비는 결국 인간을 더 공허하게 만든다. 갈증은 채워지지 않고, 만족은 다음 소비로 미루어진다. 왜냐하면 맘몬은 결코 만족을 주는 신이 아니기 때문이다. 그는 늘 더 많은 것을 요구하고, 더 큰 것을 갈망하게 만든다. 인간은 그렇게 끝없이 헌신하고 바치면서도, 결국에는 소진되고 만다. 이것이 맘몬의 제단에서 벌어지는 제사의 실상이다.

문제는 이러한 구조가 단지 세상 속에 머물지 않는다는 점이다. 교회조차 이 문화적 기류를 그대로 흡수해 버리는 경우가 많다. 교회 건물, 예배 공간, 사역의 방식, 심지어 설교의 주제까지도 은연중에 맘몬의 질서에 물들 수 있다. 성공, 성장, 축복이라는 단어들이 더 이상 하나님의 나라가 아니라 인간적 풍요를 의미하는 코드로 사용된다면, 우리는 이미 바알과 맘몬 앞에 무릎 꿇고 있는 셈이다.

이는 단순한 물질주의가 아니라, 고대 신화적 상상력이 현대 문화 속에서 다시 작동하고 있다는 증거다. 신화적 상상력이란, 인간의 욕망과 두려움을 신격화하여 그 앞에 절하고 헌신하게 만드는 서사 구조를 말한다. 고대 세계에서 바알과 아세라는 풍요와 다산, 전쟁과 권력의 신으로 숭배되었으며, 사람들은 제단 위에 곡식과 제물을 바쳤다. 오늘날 사람들은 더 이상 신상 앞에 절하지 않지만, 그 대신 카드빚과 경쟁, 소비 중독이라는 방식으로 같은 신들에게 헌신한다.

이처럼 맘몬은 고대의 신화적 틀을 입고, 현대 자본주의 시스템 안에서 되살아난 문화적 우상이 된 것이다.[9] 이 시대의 소비는 조율되고, 그 상상력은 인간의 욕망을 정당화하고, 신격화하며, 결국 경배로 이끈다. 이것이야말로 우리가 직면한 진짜 전쟁이다. 소비를 넘어 예배로 확장된 이 전쟁은, 문화라는 이름의 신전에서 벌어지고 있다.

문화가 신앙을 지배하는 시대

현재 신앙의 위기는 단순히 교리의 약화나 제도적 문제에서 비롯된 것이 아니다. 더 근본적인 원인은 문화를 통한 세계관의 침투에 있다. 기독교는 더 이상 문화를 해석하고 비판하는 위치에 서 있지 않다.

오히려 문화가 신앙을 해석하고, 심지어는 그것을 재구성하는 시대가 되었다.[10] 현대인은 매일 수많은 콘텐츠에 노출된다. 예능과 광고,

유튜브 쇼츠와 인스타그램 릴스, 드라마와 영화, 심지어 교육 콘텐츠까지 이 모든 것이 하나의 메시지를 반복적으로 주입한다.'

'성공한 삶이란 풍요로운 삶이다. 돈이 있어야 여행도, 자아실현도, 아름다움도 가능하다.' 문화는 반복을 통해 우리의 상상력을 지배하고, 상상은 곧 믿음이 된다.[11]

이런 상상력의 지배는 결국 맘몬 숭배로 이어진다. 돈은 단지 거래의 수단이 아니라, 인생의 목적과 가치를 재단하는 기준이 되어 버렸다. 무엇을 먹을지, 무엇을 입을지, 어디에 살지, 어떤 직업을 가질지조차도 이 기준에 따라 결정된다. 하지만 이것이 바로 예수께서 말씀하신 '이방인의 방식'이며, 곧 가나안의 문화이다.

하나님이 아닌 맘몬에게 복을 구하는 기도이자, 세속의 방식으로 포장된 욕망의 질서다. 결국 '돈이 있어야 행복하다.'는 문화적 내러티브는, 하나님이 아닌 맘몬에게 복을 구하게 만든다. 복음의 언어로 포장된 기복주의 신앙은 그 본질에 있어 문화적 메시지의 신학적 각색일 뿐이다.[12]

예배마저 이 문화의 지배에서 자유롭지 않다. 교회의 예배는 점점 더 감각적이고, 시청각적으로 세련되며, 감정에 호소하는 방향으로 나아간다.

찬양은 감동을 유발해야 하고, 설교는 위로를 줘야 하며, 공간은 아름다워야 한다. 성령의 임재보다 조명의 연출이, 회개의 눈물보다 분위기의 무게가 더 중요한 것으로 여겨지는 풍토는, 결국 하나님이 아닌 예배자의 경험을 위한 예배를 만든다. 이는 하나님 중심 예배에서 인간 중심 소비로의 전환이다.[13]

이러한 시대에 교회가 문화와의 전면전을 벌이자는 말이 아니다. 그러나 문화를 맹목적으로 수용하거나 중립적인 것으로 간주할 수는 없다. 모든 문화는 특정 세계관의 표현이며, 그 세계관은 결국 누구를 예배할 것인가라는 질문으로 귀결된다. 맘몬이 왕좌에 앉은 시대, 문화는 그를 위한 제단을 만들고, 미디어는 그 제단 위에서 끊임없이 예배를 올린다.[14]

교회가 다시 복음의 자리를 회복하기 위해서는 문화의 설득보다 하나님의 진리에 더 크게 귀를 기울여야 한다. 물질을 향한 욕망이 아닌, 하나님을 향한 경외가 예배의 중심이 되어야 하며, 성공이라는 이름의 신을 추방하고 십자가의 그리스도를 다시 높여야 한다. 복음은 결코 문화의 종속물이 될 수 없다. 오직 복음만이 문화를 분별하게 하며, 우상을 무너뜨릴 수 있는 참된 능력이다.[15]

IX.
신화의 귀환과
피조물 숭배의 예배

신화 속 짐승은 교회를 삼켰다

고대 신화는 언제나 인간과 짐승, 신의 경계를 모호하게 만들었다. 이집트 신화의 아누비스는 개의 형상을, 호루스는 매의 형상을 지닌 신으로 숭배되었고, 그리스 신화의 켄타우로스나 미노타우로스는 인간과 짐승이 결합된 존재로서 신화적 상상력을 자극했다.[1]

바알과 아세라를 중심으로 한 가나안 신화에서도, 황소나 사자와 같은 짐승은 종종 신의 속성을 상징하거나 신을 나타내는 상징물로 사용되었다. 바알 신의 상징 중 하나가 '황소'였으며, 이는 풍요와 생식력의 힘을 상징했다.[2] 이러한 상징 구조는 짐승에게 단순한 피조물 이상의 신성을 부여하는 방식이었다. 이처럼 고대 신화는 짐승이 인간의 자리를 대체하거나 신의 형상으로 올라서는 구조를 통해, 피조물 숭배의 토대를 형성해왔다.

이러한 신화적 세계관은 단지 과거의 유산이 아니라, 오늘날 교회와 문화 속에 재현되고 있다. 우리는 점점 인간과 짐승의 경계를 허물고 있으며, 심지어 교회 안에서도 이러한 흐름을 자연스럽게 받아들이고 있다. 애완동물을 가족이라 부르고, 그들을 예배의 동반자로 데려오며, '우리 개도 천국에 갔을 거예요.'라는 말을 아무 거리낌 없이 주고받는다.³

하지만 성경은 분명히 말한다. "하나님의 형상대로 사람을 창조하시되 남자와 여자를 창조하시고….."(창 1:27). 인간만이 하나님의 형상을 가진 존재이며, 예배의 주체가 될 수 있는 유일한 언약적 피조물이다. 짐승은 사랑받아야 할 존재이지만, 하나님과의 언약 안에 들어오지 않는다.

신화는 짐승을 신으로 만들었고, 현대인은 짐승을 사람으로 만들고 있다. 이 둘은 같은 본질이다. 예배의 중심에서 하나님이 사라지고 피조물이 그 자리를 차지할 때, 그것은 예배가 아니라 우상 숭배다. 고대의 신화가 다시 교회 안으로 스며들고 있다. 그리고 교회는 그것이 신화인지조차 알아차리지 못한 채, 조용히 짐승을 섬기고 있다.⁴

반려동물 예배, 신학적 고민과 성경의 가르침

반려동물에 대한 애도와 추모는 현대인의 감성에 깊이 공감되는 정서이다. 실제로 최근 홍콩의 한 개신교회에서는 반려견 'Siu Dou'를 위한 추모 예배가 교회 본당에서 진행되었고, 찬송과 추도사가 포함된 공식적인 형식으로 드려졌다.[5] 미국 메릴랜드의 록빌장로교회(Rockville Presbyterian Church) 역시 실내 예배당에서 Pet Memorial Service를 운영하며, 반려동물의 죽음을 애도하는 예배 형식을 정식으로 제공하고 있다.

그러나 성경이 이 문제에 대해 직접 언급하지 않는다고 해서 그것을 인정하는 것은 아니다. 성경은 인간과 동물을 본질적으로 구별한다. 인간은 하나님의 형상대로 창조된 언약적 존재이지만, 동물은 인간에게 맡겨진 피조물로서 창조의 질서 속에 존재한다. 그 생명이 귀하지 않다는 것이 아니라, 구원의 언약과 부활의 약속이 하나님의 형상 위에만 주어졌다는 것을 성경은 일관되게 증언한다.[6]

따라서 반려동물의 죽음을 애도하는 마음은 공감할 수 있으나, 그것을 예배의 형식으로 표현하는 것은 분명히 신학적 경계를 넘어서는 시도다. 하나님은 오직 하나님의 형상을 따라 지음 받은 인간과만 언약을 맺으시고, 예배의 대상은 오직 그 하나님뿐이다.

성경은 수많은 짐승에 대해 말하지만, 단 한 번도 짐승의 죽음을 애도하거나 장례를 치른 기록을 남기지 않는다. 오히려 전도서 3장 21절은 짐승과 인간의 영에 대해 분명히 구별한다. "인생의 호는 위로 올라가고 짐승의 호는 아래, 땅으로 내려가는 줄을 누가 알랴?"

이 구절은 짐승이 하등하다는 것을 말하려는 것이 아니다. 오히려 인간만이 하나님과의 언약 관계에 참여하고, 영원한 생명을 사모할 존재로 창조되었음을 선언하는 것이다.[7] 짐승은 언약 밖의 피조물이며, 짐승의 죽음에 대해 경건한 장례와 부활의 소망을 말하는 것은 신학적으로 위험한 왜곡이다.

그럼에도 오늘날 일부 교회에서는 반려동물을 위한 장례 예배나 애도 상담을 비공식적으로 제공하거나, 추모 공간을 마련하는 경우도 있다. 이러한 현상은 신학적 논의와 교회의 본질에 대한 깊은 성찰을 요구한다. 이는 단순한 정서적 배려가 아니라, 예배와 성소의 신학적 기준을 무너뜨리는 행위다. 하나님의 성소는 언약의 백성을 위한 공간이지, 피조물 전반에 열려 있는 정서적 공공장소가 아니다.[8]

여기서 문제는 단지 애완동물을 위한 장례가 아니라, 인간 생명과 짐승 생명 사이의 경계가 무너진다는 것이다. 아이는 낳지 않으면서 개는 두세 마리씩 키우고, 자녀를 잃은 부모는 위로받을 공간이 없는데, 반려동물의 죽음은 온 공동체가 슬퍼해야 할 사건처럼 여겨진다. 생명의 위계가 전도된 것이다.

이것은 결코 하찮은 문화현상이 아니다. 그것은 하나님의 창조 질서와 언약 구조를 부정하는 신학적 전복이다. '개도 천국에서 기다리고 있을 거예요.'라는 말은 따뜻할 수는 있지만, 그것은 계시의 진리를 넘어서는 인간적 감상일 뿐이다.[9]

예배는 하나님께 드려지는 것이며, 인간은 하나님의 형상대로 창조된 존재다. 피조물을 위한 장례 예배는 예배가 아니다. 그것은 성소의 질서를 흐리고, 하나님의 거룩한 경계를 허무는 또 하나의 산당이다.

가정 해체가 여는 교회 붕괴의 문

우리 사회는 전통적 가정의 본질을 뒤흔드는 여러 변화들로 혼란에 빠져 있다. 본래 하나님이 창조하신 '남자와 여자'의 결합을 통한 결혼과 그로부터 태어나는 자녀 양육이라는 가정의 기본 질서가 점차 무너지고 있다. 남녀가 아닌 동성끼리의 결합, 자녀 대신 반려동물을 가족으로 삼는 문화가 확산되면서, 하나님이 세우신 성소로서의 '가정'이 무너지고 있다. 이는 인간 본성에 어긋나는 이기심의 발현이며, 보편적 상식인 남녀 결혼과 자녀 양육의 질서를 혼란시키는 심각한 문화적 도전이다.

'우리 집에는 아이는 없지만, 가족은 셋이에요. 저와 남편, 그리고 이 아이.'말하는 이의 손에는 강아지가 안겨 있다. 이제 사람들은 아이 대신 동물을 낳고, 가정을 세우는 대신 동물과 함께 사는 '가족 구조'를 만든다. 출산율은 급격히 줄어들었지만, 반려동물 수는 빠르게 증가한다.[10] 결혼은 미루고 출산은 포기하면서도, 개와 고양이에게는 이름과 성을 붙여주고, 생일을 챙기며, 펫 보험과 장례까지 준비한다.

이는 단순한 인구 통계의 변화가 아니다. 이것은 하나님께서 세우신 창조 질서, 곧 '가정'이라는 제도의 해체다. "남자와 여자를 창조하시고… 생육하고 번성하라."(창 1:27-28)는 명령은 단지 출산의 의무가 아니라, 하나님이 세상을 다스리는 통로로써 '가정'이라는 언약 단위를 세우신 질서였다. 그런데 오늘날, 사람은 이 구조를 거부한 채, 감정 중심의 선택된 가족, 즉 감정적으로 '위로가 되는 존재'를 가족이라 부르는 세대로 변하고 있다.

이 흐름은 교회 안에도 그대로 들어왔다. 과거 교회는 가정을 세우고 언약 공동체로서 신앙을 전수하는 중심지였다. 하지만 이제 교회는 아이가 아닌 반려동물을 동반한 예배를 고민하고, 모자실이 아닌 '펫 프렌들리 존'을 만드는 것을 '배려'라 부른다. 성소는 더 이상 언약의 상징이 아니라, 감정적 평안을 위한 공간으로 바뀌고 있는 것이다.[11]

하나님은 말라기 선지자를 통해 "나는 그에게 경건한 자손을 얻고자 함이 아니냐."(말 2:15)고 말씀하셨다. 하나님께서 결혼과 가정을 세우신 목적은 단순히 남녀의 결합이 아니라, 경건한 자손, 즉 언약 백성을 낳고 기르기 위한 질서였다. 그런데 그 질서가 사라지자, 이제 사람들은 경건한 자손 대신 '귀여운 생명체'를 기르고, 신앙의 전수가 아닌 정서적 위로에만 집중한다.

이는 곧 성소의 붕괴다. 산당이 무서운 이유는 '형식을 흉내내면서도 중심이 없는 예배'였기 때문이다. 오늘날 성소 역시 산당처럼 바뀌고 있다. 언약이 없는 결혼, 자손이 없는 가정, 인간이 없는 예배는 결국 짐승과 사람이 함께 앉아 있는 예배당이라는 이상한 풍경을 만들고야 만다.

동물을 돌보는 사랑이 잘못된 것은 아니다. 그러나 사랑의 방향이 창조 질서와 언약의 순서를 거슬러나아갈 때, 그것은 예배가 아니라 질서 없는 감정 소비의 공간이 된다. 산당이 그랬듯, 오늘의 교회도 가정을 거절한 시대의 위로처로 전락하고 있다. 그리고 그 중심에는 더 이상 하나님이 아닌, 나를 채워주는 피조물이 앉아 있다.[12]

오늘 우리가 살펴본 '동물 숭배'와 '가정의 해체' 현상은 단순한 문화적 변화를 넘어, 하나님이 창조 질서로 세우신 가장 근본적인 구조에 대한 신화적 반역이다. 피조물이 사람의 자리를 대체하고, 전통적 가족이라는 언약 공동체가 무너져 가는 이 시대의 흐름 특히 동성혼과 같은 다양한 가족 형태의 확산은 결국 '하나님이 정하신 원가족 질서' 자체에 대한 도전으로 귀결된다.

이런 맥락에서, 다음 장에서는 더욱 심층적으로 '젠더 이데올로기'가 어떻게 하나님이 창조하신 성별과 가정의 원리를 뒤엎고, 성혁명과 함께 현대 사회와 교회를 뒤흔들고 있는지 살펴볼 것이다. 짐승의 시대가 우리에게 던지는 경고가 결국 하나님이 세우신 가정의 해체와 연결되어 있음을 기억하며, 이 문제에 대한 신학적 대응을 준비해야 한다.

이혼을 정상화하는 문화, 해체된 가정의 진짜 희생자

가정의 해체는 단순히 한 남녀의 결별로 끝나지 않는다. 그 뒤에는 말할 수 없는 상처를 안고 살아가는 수많은 자녀와 가족 구성원이 있다. 그런데 오늘날의 문화는 이혼을 더 이상 고통스러운 '파괴'가 아닌, 자유롭고 긍정적인 '선택'으로 포장한다. '행복하지 않으면 떠나라.', '너 자신부터 먼저 챙겨라.'는 식의 메시지는 자신의 행복이 우선시되고, 희생은 무지로 치부되는 프레임 속에서 영화, 드라마, 예능, 웹툰 등 대

중문화 속에서 끊임없이 반복된다.¹³

　이러한 흐름은 인내와 용서, 헌신과 책임 같은 '관계의 윤리'를 외면하게 만든다. 이제 결혼은 함께 짐을 지는 언약이 아니라, 나를 만족시키지 못하면 쉽게 떠날 수 있는 계약이 되어버렸다. 이혼은 더 이상 '최후의 선택'이 아니라, '행복을 위한 재시작'으로 합리화된다. 그러나 그 결과는 늘 비슷하다. 선택권이 없는 자녀들은 가정 해체의 가장 깊은 상처를 짊어지게 된다.¹⁴

　심리학적 연구들 역시, 정서적 결핍이나 정신적 불안정, 분노, 우울감, 자기혐오와 같은 감정의 뿌리가 어린 시절의 가정 해체와 깊이 연결되어 있음을 지적한다. 대부분의 트라우마는 개인이 아니라, '가정'이라는 이름의 공동체가 무너졌을 때 시작된다. 그것은 단지 관계의 붕괴가 아니라, 정체성과 신뢰, 존재의 근간이 함께 무너지는 일이다.

　이혼 그 자체보다 더 무서운 것은, 이혼을 미화하고 정당화하는 문화다. 회피가 해결로 포장되고, 자기중심적 선택이 성숙한 결단으로 둔갑하는 것이다. 하나님이 세우신 가정은 단순한 사랑의 결과가 아니라, 언약의 공동체다. 언약은 감정이 아니라 '의지'에 기초하며, '영원하신 하나님' 앞에서 맺어진 약속이다. 그러므로 이 언약이 무너지면, 곧 그 언약을 매개로 주셨던 하나님의 질서도 함께 붕괴된다.

오늘날 우리가 마주하는 이혼의 문화는, 결국 하나님이 세우신 질서를 반역하고, 피조물의 감정과 선택을 주권처럼 떠받드는 시대적 신화다. 그것은 짐승과 살아가는 삶보다 더 교묘한 방식으로 하나님 없는 가정을 만들어낸다. 이 가정은 언약이 없고, 희생이 없으며, 자녀를 위한 보호막이 없다. 하나님은 이 흐름을 산당처럼 무너뜨리기를 원하신다. 그리고 참된 회복은, 감정이 아닌 언약을 붙드는 자리에서, 다시 시작되어야 한다.

X.
젠더 이데올로기와 성혁명 그리고 현대 문화

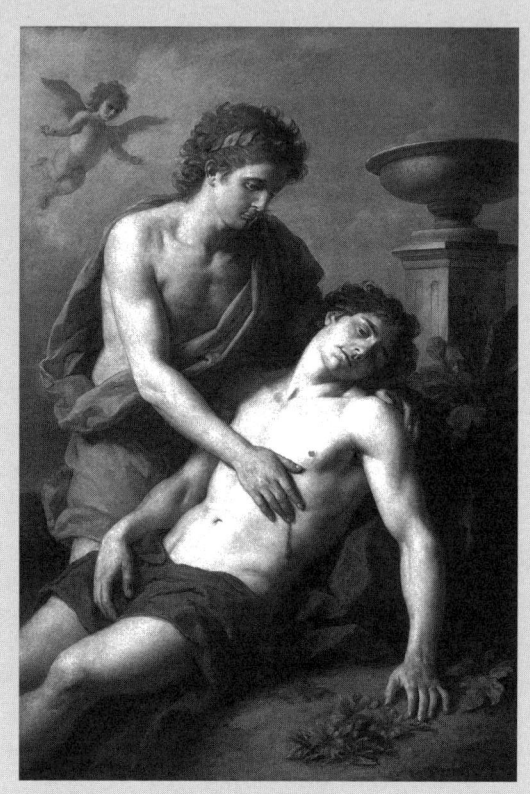

아폴론과 히아킨토스

신화 속 동성애의 기원과 문화적 상징

트로이 전쟁과 카산드라 콤플렉스, 아폴론과 미소년 히아킨토스는 고대 신화에서 인간의 본성과 욕망, 사회 질서와 금기에 대한 은유적 해석을 담고 있다. 특히 성과 관련된 신화들은 당대의 성 윤리뿐 아니라 오늘날까지 영향을 끼치는 문화적 서사의 원형을 제공한다. 동성애를 다룬 신화들 또한 단순한 이야기로 소비되지 않는다. 그것은 감정의 진정성과 억압받는 사랑이라는 이름으로, 현대 문화 속 성 정체성과 젠더 이데올로기의 정당화를 위한 상징적 자원으로 변주되고 있다.[1]

트로이 전쟁 이야기에서 등장하는 예언자 카산드라는 '진실을 말하지만 아무도 믿지 않는' 여성 인물로, 오늘날 '카산드라 콤플렉스'라는 심리학적 개념으로도 널리 알려져 있다. 그녀는 아폴론의 구애를 거절한 대가로 저주를 받아, 진실을 말해도 외면당하는 운명을 짊어졌다. 이 이야기는 단순한 신화가 아니다. 현대 문화에서는 카산드라가 '이성적인 여성'으로, 감성적이고 수동적인 남성과 대조되는 상징으로 종종 재해석된다. 이 신화는 감성과 이성, 남성과 여성의 경계를 뒤흔드는 이미지로 활용되며, 젠더 역할의 혼란을 부추기는 문화적 상징으로 기

능한다.²

이와 더불어 아폴론과 히아킨토스의 이야기는 동성애 미화의 대표적 사례로 자주 인용된다. 아폴론은 아름다운 청년 히아킨토스를 사랑했고, 그와 함께 시간을 보내며 완전한 감정적 교감을 나눈다. 하지만 히아킨토스는 디스쿠스를 던지던 중 불의의 사고로 죽고, 아폴론은 그의 피에서 꽃을 피워내며 비극적 사랑을 기념한다.

이 이야기는 고대 그리스 사회의 동성애적 풍토와 예술적 감수성 속에 깊숙이 스며들어 있었고, 오늘날에도 순수하고 고결한 사랑의 상징처럼 소비된다. 그러나 이 감성적 서사는 하나님의 창조 질서를 왜곡하는 인간 중심적 내러티브다.³

놀랍게도, 이러한 왜곡은 고대 신화에만 그치지 않는다. 일부 진보 신학자들과 문화 해석자들은 성경 속 다윗과 요나단의 관계를 동성애적 사랑으로 해석하려는 시도를 해왔다.⁴ 이들은 사무엘상 18장에서 "요나단의 마음이 다윗과 하나가 되어 그를 자기 생명같이 사랑하였다."(삼상 18:1)는 표현이나, "내가 여자들의 사랑보다 그대의 사랑이 더 아름다웠다."(삼하 1:26)는 다윗의 애가를 동성 간의 로맨스로 해석하려 한다.

그러나 이는 당시 히브리 문화 속 '언약적 우정'의 깊이를 현대의 성적 코드로 억지 해석한 결과이며, 하나님 앞에서 맺어진 언약과 형제적 충성을 모독하는 것이다.

이처럼 인간의 감정 중심 해석은 신화든 성경이든, 무엇이든 동성애를 미화하고 합리화하는 도구로 사용된다. 그러나 감정의 진실성은 결코 죄의 정당성이 될 수 없다. 하나님의 창조 질서는 단지 생물학적 구조가 아니라, 하나님의 형상에 합당한 관계의 방향을 규정하는 절대 기준이다.

성경은 인간의 감정을 부정하지 않지만, 그 감정이 하나님의 질서와 충돌할 때 결코 면죄부를 주지 않는다.

신화는 본래 선악의 경계가 흐릿한 세계관 속에서 신과 인간, 금기와 욕망이 혼재된 이야기를 담고 있다. 현대 문화는 이러한 신화를 감성적으로만 해석하며, 죄와 구원의 문제를 제거한 채 감정의 진정성만을 강조한다. 문제는 이러한 방식이 젠더 혼란과 동성애 미화를 더욱 촉진시킨다는 데 있다. 신화는 더 이상 고대의 이야기가 아니라, 오늘날 '억압된 진실' 혹은 '이해받지 못한 감정'의 대명사로서 문화 콘텐츠 전반에 파고들어 있다.

문화는 신화를 되살리고, 신화는 문화를 통해 새롭게 정당화된다. 이러한 반복 속에서 동성애와 젠더 이데올로기는 정죄받아야 할 죄가 아니라 이해와 수용의 대상으로 미화되며, 신학적 비판은 구시대의 억압으로 치부된다. 그러나 성경은 감정의 진실성보다 창조의 질서를 먼저 말한다. 인간은 하나님이 설계한 방식 안에서만 온전할 수 있으며, 감정이 아닌 진리가 인간을 자유케 한다.[5]

기독교는 동성애자 개인을 혐오하거나 정죄하지 않는다. 교회의 비판은 어디까지나 '동성을 향한 성적 행위'라는 죄에 대한 것이며, 그 행위를 사랑의 이름으로 정당화하려는 문화적 흐름에 대한 경고다. 하나님께서는 모든 죄인을 긍휼히 여기시되, 죄 자체를 결코 모호하게 넘기지 않으신다. 성경이 말하는 회개와 구원은 사랑 안에서 진리를 말할 수 있는 담대함을 포함한다.

동성애를 미화하는 신화와 문화는 복음적 세계관과 충돌하며, 교회는 이에 대해 보다 선명하고 본질적인 진리를 선포해야 한다. 그것은 사람을 향한 미움이 아니라, 하나님의 창조 질서와 거룩함을 위한 사랑의 외침이다.

이러한 신화들은 단순히 고대 이야기로 남지 않고, 현대 심리학, 특히 감성 중심의 심리 치료와 자기개발 문화 속에 재생산된다.[6] 감성적 '자기 이해'와 '내면 발견'이라는 명목 하에, 신화적 동성애 사랑과 젠더 혼란은 심리학적 자기 정체성 탐색과 연결되어 더욱 확산된다.

영화, 드라마, 문학 등 미디어는 이 신화를 현대적으로 재해석해 젠더 혼란과 동성애를 자연스러운 감성적 현실로 포장하며, 이를 '정체성 권리'로 합리화한다. 결과적으로 신화와 심리학, 미디어는 결합하여 복음적 세계관과 근본적으로 충돌하는 새로운 문화적 신앙 체계를 만들어 가고 있다.

영화와 현대 문화 속 젠더 혼란과 성 혁명의 구현

현대 문화 속 젠더 이슈는 영화, 드라마, 음악, 그리고 대중문화 전반에 걸쳐 다양한 형태로 나타난다. 이러한 표현들은 종종 전통적인 성 역할과 성 정체성을 해체하며, 젠더 플루이드, 트랜스젠더 수용 등 새로운 젠더 개념을 대중에게 소개한다. 이에 따라 젠더에 대한 혼란과 성(性)혁명이 일상적으로 확산되고 있다.

먼저, 할리우드 영화 〈콜 미 바이 유어 네임, 2017〉은 감성적 동성애 미화의 대표적인 사례다. 이 영화는 이성애적 연애와 동일한 구조로 동성 간 사랑을 서정적이고 낭만적으로 묘사한다. 고전 예술과 음악, 풍경, 문학적 대사들로 동성애 관계를 순수하고 아름다운 감정의 교류로 포장함으로써, 관객이 동성애를 '자연스럽고 보편적인 사랑의 형태'로 수용하게 만든다. 이 작품은 단순한 영화 이상의 영향력을 가지며, 동성애에 대한 대중의 감성과 인식을 근본적으로 바꾸는 데 크게 기여했다.[7]

고레에다 히로카즈 감독의 〈어느 가족, 2018〉은 전통적 가족 개념의 해체와 새로운 형태의 유대감을 그리며, 혈연이 아닌 감정적 연대에 기반한 '가족'을 제시한다. 이 영화는 도덕적 경계를 흐리면서도 따뜻한 공동체의 이미지를 부각시켜, 관객이 '정상가족'에 대해 다시 생각하게 만든다. 그러나 이러한 내러티브는 가족의 본래 질서와 책임, 창조질서에 근거한 남녀의 결합과 양육이라는 구조를 상대화하고 해체하려는 현대 문화의 흐름과도 연결된다.[8]

최근에는 한국 드라마 〈구르미 그린 달빛, 2016〉과 〈녹두꽃, 2019〉 등이 남장 여성 캐릭터와 전통 성 역할의 전복을 다루며 젠더에 대한 새로운 논의를 불러일으켰다. 〈구르미 그린 달빛〉은 조선 시대를 배경으로 여성이 남장을 하고 신분의 벽을 넘는 이야기를 통해 젠더 경계의 흐릿함을 보여주었고, 〈녹두꽃〉은 사회 혁명과 함께 전통적 성별 규범에 대한 도전을 그렸다.

이러한 여장 남자, 남장 여자 캐릭터가 주는 문화적 코드는 단순한 드라마 설정을 넘어, 트랜스젠더와 동성애를 자연스럽게 대중이 받아들이도록 하는 젠더 이데올로기 확산의 역할을 한다. 이들은 전통적인 성별 이분법을 흐리고, 젠더 정체성의 유동성을 긍정하는 메시지를 전달하며, 결국 젠더 혼란을 심화시키는 문화적 장치로 작용한다.[9]

해외에서는 넷플릭스 시리즈 〈오렌지 이즈 더 뉴 블랙, 2013~2019〉과 〈POSE, 2018~2021〉가 트랜스젠더와 성소수자 캐릭터를 중심으로, 동성애와 젠더 정체성을 정상적인 삶의 방식으로 제시하고, 그들의 '차별과 투쟁'을 감성적으로 서사화함으로써 성소수자에 대한 공감과 수용을 문화적으로 확산시켰다. 이 시리즈들은 젠더 다양성과 포용의 가치를 강조하며, 성소수자의 삶을 공감과 연민의 시선으로 비추는 내러티브를 통해 사회적 인식을 변화시키는 데 기여했다.[10]

K-팝 아이돌 문화에서도 젠더 플루이드, 보이시 혹은 페미닌 스타일이 트렌드로 자리 잡았다. 아이돌들은 전통적 성별 규범을 뛰어넘는 이미지를 선보이며 팬들에게 새로운 젠더 정체성의 가능성을 제시한다. 이는 대중문화가 젠더 이데올로기를 확산시키는 중요한 매개체임을 보여 준다.[11]

또한 "현대 기업들이 페미니즘, 젠더 이슈, 권력 구조 등을 문화 마케팅과 브랜드 전략에 적극 활용하는 사례들이 늘어나고 있다. 이런 현상은 젠더 문제를 단순한 사회 현상을 넘어 새로운 신화적 언어로 재생산하는 역할을 한다.[12]

이와 같은 영화와 대중문화는 젠더 이데올로기의 전파에 핵심적인 매체로 작용한다. 그러나 이러한 표현들이 종종 성경적 가치와 충돌하며, 도덕적 상대주의와 자기중심적 신앙을 조장하는 위험도 내포하고 있다. 교회는 젠더 혼란을 단순한 문화적 현상으로만 보지 않고, 영적 분별력과 신학적 비판을 통해 대응해야 할 것이다.[13]

젠더 혼란과 문화적 신화의 확산

현대 대중문화는 젠더 정체성의 경계를 무너뜨리며, 전통적 남녀 이분법을 해체하는 데 결정적인 역할을 수행하고 있다. 할리우드 영화와 글로벌 스트리밍 플랫폼 드라마는 성별 표현의 다양성을 강조하며, 젠더 플루이드, 논바이너리 등 새로운 정체성 개념을 대중에게 자연스럽게 소개한다. 특히, 음악 산업과 패션계에서 나타나는 젠더 유동성은 젊은 세대의 정체성 형성에 큰 영향을 미친다.[14]

또한, 대기업들의 마케팅 전략 속에 젠더 이슈는 단순한 사회적 논쟁을 넘어 문화적 상징과 신화로 자리잡아, 젠더 문제를 일종의 '사회적 신앙'처럼 수용하도록 만든다. 이 과정에서 젠더에 관한 혼란과 혼성적 가치가 정당화되며, 전통적인 성 역할과 가족관계는 점차 약화되고 있다.[15]

이와 같은 변화 앞에서 교회는 단지 비판적 태도를 넘어서, 성경적 창조 질서와 하나님의 선한 뜻을 분명히 전하며, 젠더 문제에 대한 성경적 진리를 교육하고 분별하는 책임을 다해야 할 것이다.[16]

헬레니즘 문화와 싸운 바울의 외침! 거대한 영적 전쟁의 현장

우리가 읽는 사도 바울의 편지들, 그 뒤편에는 단순한 인격적 갈등이나 지역적 오해만 있지 않았다. 거기엔 고대 헬레니즘의 광활한 문화적, 철학적 지형과, 인간의 영혼을 뒤흔드는 어둠과 빛의 전쟁이 숨어 있었다.[17]

바울이 걸었던 길은 고대 세계 최대의 제국, 로마가 지배한 헬레니즘 문화권이었다. 이곳은 플라톤과 아리스토텔레스, 그리고 미학과 윤리가 융합된 세계였으나, 그 표면 아래엔 수많은 신화적 이미지와 우상숭배가 깊게 뿌리내려 있었다. 신들은 인간 욕망의 투영이었고, 미소년과 쾌락, 권력과 폭력이 함께 어우러진 그 신화들은 일상과 종교, 철학을 불가분하게 연결했다.[18]

에베소의 아르테미스 신전에서 벌어진 성적 타락과 제사의 향연, 아테네의 철학적 논쟁과 신비주의적 교파들, 고린도의 도덕적 혼란과 세속적 쾌락주의는 모두 그 어두운 문화의 그림자였다. 바울은 이러한 세상의 지배적인 사상과 맞서 싸웠다. 그는 단지 인간의 철학을 논박한 것이 아니라, 그 시대가 숭배하는 신화와 우상, 그리고 타락한 인간 본성에 정면으로 도전했다.[19]

"십자가에 못 박힌 그리스도."(고전 1:23), 이 메시지는 당시 문화에선 '미련한 것'이었고, '미친 소리'로 들렸다. 그러나 그 미련함 속에는 인간 영혼을 살리는 구원의 능력이 있었다. 바울은 인간의 욕망과 타락을 정당화하는 신화와 철학에 맞서 싸웠다. 그는 "육체의 정욕과 안목의 정욕, 이생의 자랑."(요일 2:16)을 단호히 거부하고, "자기 몸을 하나님이 기뻐하시는 거룩한 산 제물."(롬 12:1)로 드리라고 외쳤다.[20]

바울의 싸움은 단지 이론적인 것이 아니었다. 그는 영혼을 건져내기 위해 자신의 몸과 마음을 내던진 전사였다. 때로는 체포되고, 매맞고, 버림받았지만, 그 눈물과 피는 헛되지 않았다. "나는 사람을 기쁘게 하려 하지 않고, 다만 하나님을 기쁘시게 하려 한다."(갈 1:10). 바울은 인간의 연약함과 속박을 직시하며, '세상의 신'에게 사로잡힌 자들을 향해 끝없이 기도하고 울었다. 그의 편지 곳곳엔 갈등과 고뇌, 절망과 희망이 교차한다.[21]

오늘 우리는 바울이 맞섰던 그 어둠과 직접 맞서지 않지만, 대신 넷플릭스의 드라마, SNS, 젠더 이데올로기라는 더욱 은밀하고 교묘한 신화를 마주한다. 옛날에는 눈에 보이는 신전이었지만, 지금은 보이지 않는 마음과 생각을 지배한다. 그러나 시대와 방법이 다를 뿐, 전쟁은 동일하다. 우리는 바울처럼 '복음의 미련함'을 붙들고, 세상의 신화를 깨뜨리는 용기를 가져야 한다.[22]

바울의 외침은 오늘 우리에게도 울려 퍼진다. "이 세상이나 그 신화에 속하지 말고, 오직 그리스도의 복음에 굳게 서라." 그 싸움은 아직 끝나지 않았다. 우리가 진정 바울의 제자라면, 그 거룩한 전쟁에 함께 나서야 한다.

현대 문화와 젠더 이데올로기, 차별금지법 그리고 문화혁명의 그림자

오늘날 우리 사회는 전례 없는 속도로 변화하는 젠더 이데올로기와 성혁명의 물결 속에 휩싸여 있다. 이 변화는 단순한 사회적 현상이 아니라 깊은 철학적, 이데올로기적 배경을 가진 문화전쟁의 최전선이다. 젠더라는 개념은 본래 생물학적 성을 넘어 사회적 구성물로 재정의되며, 개인의 정체성과 권리를 주장하는 과정에서 성경적 질서와 신학적 진리와는 정면으로 충돌하고 있다.

차별금지법은 '인권 보호'라는 미명하에 제정되었지만, 그 실질적 내용은 성경적 가치관을 위협하며 교회의 자유와 신앙의 자유를 제한하는 도구로 전락할 위험이 크다. 이러한 법률과 사회적 분위기는 '모든 차별을 금지한다.'는 이름 아래, 성경이 명확히 규정하는 성과 도덕의 기준을 흔들고, 복음의 자유를 위축시키는 결과를 낳고 있다.

현대 미디어와 대중문화는 이러한 젠더 이데올로기를 신화화하며, 새로운 형태의 우상숭배로 자리 잡고 있다. 영화, 드라마, 광고, 음악 등은 젠더 혼란과 다원주의적 성 정체성을 소비하는 문화상품으로 만들어내며, 대중은 무비판적으로 이를 받아들이는 경향이 강하다. 이는 바울 시대의 우상 숭배와 본질적으로 다르지 않으며, 오히려 더욱 교묘하고 은밀한 형태로 인간의 마음과 생각을 지배한다.

더 나아가 마르크스주의와 그람시의 문화혁명 전략은 교회와 전통적 가치를 해체하기 위한 장기적이고 체계적인 계획임이 드러난다. 이들의 전략은 교회 내외부에서 '문화 전쟁'을 수행하며, 신앙과 진리의 영역을 무너뜨리고 세속적 가치관을 침투시키려는 시도이다. 이는 단순한 정치적 대립이 아니라, 영적 싸움의 일환으로 인식되어야 한다.

이처럼 오늘날 우리에게 닥친 젠더 이데올로기와 차별금지법, 문화혁명은 결코 우연이 아니다. 이는 바울이 고린도와 에베소에서 맞섰던 헬레니즘 문화와 같은 맥락의 신화와 우상 숭배가 오늘날 현대의 미디어와 법률, 이데올로기로 변형되어 나타난 것이다. 따라서 우리는 이 현실을 분별하고 성경적 진리로 굳건히 서서, 세속적 문화의 흐름에 흔들리지 않는 신앙인의 자세를 견지해야 한다.

교회는 단지 시대의 변화에 적응하는 기관이 아니라, 세상의 빛과 소금으로서 영적 전쟁터에서 승리하는 하나님의 군대로서 사명을 회복해야 한다. 하나님이 주신 진리를 붙들고, 복음의 본질을 지키며, 이 시대의 문화적 도전을 예리하게 분별하는 지혜와 용기를 가져야 할 때이다.

전통가족 개념 해체

XI.
신화와 영화가 만든 새로운 신앙 체계와 교회의 대응

고대 신화의 현대적 해석

한때 신화는 과거의 유물처럼 여겨졌다. 그리스 로마 신화는 대중문화에서조차 점차 잊혔고, 북유럽 신화나 동양의 고대 전설들은 동화책 속 이야기처럼 치부되었다. 그런데 왜 지금 다시 신화인가? 신화를 모티프로 한 영화와 드라마, 그리고 신화적 문화코드가 현대 대중문화 전반에 깊이 스며들며 새롭게 부활했기 때문이다.[1] 그 신화는 고대 신전이 아니라 넷플릭스, 유튜브, 마블 영화, K-팝 아이돌, 광고 속 이미지로 되살아났다. 무대만 바뀌었을 뿐, 신들은 여전히 우리 곁에 머물고 있다.

이러한 변화는 단순히 흥미로운 이야기의 부활이 아니다. 신화와 영화가 결합하면서, 우리는 어느새 새로운 신앙 체계 안에 들어오게 되었다. 이 체계는 초월자 없이도 감정적으로 구원받을 수 있고, 죄가 없이도 위로받을 수 있으며, 절대 진리 없이도 공동체를 형성할 수 있다고 말한다.[2] 전통 종교가 제공하던 도덕성과 초월의 세계는, 이제 감성적인 이미지와 서사, 그리고 자기 발견의 여정을 그리는 영상 미디어가 대신하고 있다.[3]

이 흐름 속에서 특히 젠더 이데올로기나 자아 탐색의 서사는 강력한 감정적 스토리텔링과 맞물려 확산되고 있다. '나는 누구인가?', '나는 무엇이 되고 싶은가?'라는 질문 앞에, 영화 속 캐릭터나 뮤직비디오 속 아이돌이 하나의 해답처럼 제시된다. 이들은 인간의 고통과 소외, 갈등과 욕망을 드러내며, 관객의 감정과 공감대를 끌어낸다. 문제는, 그 스토리가 궁극적으로 인간 중심의 자기 구원 서사에 머물고 있다는 데 있다.[4]

10장에서 우리는 바울이 헬레니즘 문화 속에서 젠더의 혼란, 신화적 성 정체성, 그리고 제도적 왜곡과 싸운 이야기를 살펴보았다. 11장에서는 그 연장선 위에서, 신화와 영화가 만들어내는 현대의 '대체 종교' 현상을 다루고자 한다. 이 장의 중심은 신학적 비판보다는 문화적 분석에 있다. 젠더 이슈는 그중 하나의 사례일 뿐이며, 전체 구조는 더 넓은 문화적 신화와 그 영향, 그리고 교회의 대응이라는 흐름 속에서 이해되어야 한다.

문화 속 신화는 자기중심성, 감성적 위로, 도덕적 상대주의라는 세 가지 키워드를 중심으로 퍼져나간다.[5] 이는 곧 하나의 '믿음의 틀'이 된다. 전통 종교의 언어로 말하자면, 이 신화는 '구원 없는 구원', '죄 없는 용서', '하나님 없는 예배'를 지향한다. 영화는 그것을 스토리로, 음악은 그것을 정서로, 광고는 그것을 이미지로 포장해 전달한다.

이 도전에 어떻게 대응해야 할까? 단순히 영화를 비난하거나 문화 콘텐츠를 무조건 멀리하자는 것이 아니다. 왜 그것들이 사람들의 마음을 끌어당기고, 왜 그 속에서 위로를 찾으려 하는지를 진지하게 물어야 한다. 현재 많은 곳에서 복음은 신화적·세속적 문화와 혼합되어 왜곡되고, 예배는 본래의 능력을 상실한 채 무너져 버렸다.[6]

그러나 진정한 복음은 변함없이 진리이자 생명이며, 예배가 그 본질을 회복할 때 비로소 그 능력이 온전히 드러난다. 교회는 이 진리를 회복하기 위해 다시금 본질에 집중해야 한다.

이제 복음을 다시 '서사'로, 다시 '삶'으로 풀어내야 한다. 이 이야기는 단지 교리적 진술이 아니다. 인간의 실존과 고통, 죄와 구원, 죽음과 부활을 아우르는 강력한 이야기다. 영화보다 더 강력한 감동을, 신화보다 더 깊은 진실을 품은 이야기 **바로 예수 그리스도의 이야기다.**[7]

우리가 현재 마주하는 가장 큰 도전은 더 이상 '신이 있는가?'가 아니라, '내가 믿고 싶은 방식으로 믿어도 되는가?'라는 질문이다. 이 질문 앞에서 복음은 '진짜 이야기'로 회복되어야 한다.[8] 신화와 영화가 잠시 마음을 사로잡을 수는 있지만, 그 이야기에는 구원이 없다. 진실된 메시지를 다시금 사람들의 마음에 전하며 '여기에 참된 구원의 이야기가 있다.'고 선언해야 한다.

그러나 현실은 녹록지 않다. 젊은 청년 세대가 떠나면서 교회 내 노년층 비중이 높아지고, 어린이와 청소년을 위한 프로그램 대신 '어른이 여름 캠프' 같은 프로그램으로 대체되는 웃픈 현실을 마주하고 있다. 이는 세대를 잃어가는 심각한 징후이며, 단순한 세속 문화 배척만으로는 해결될 수 없다. 무엇을 구별하고 어떻게 가르칠지 분명한 방향성과 전략 제시가 절실하다. 그렇지 않으면 젊은 세대는 떠나고 반기독교 정서만 더욱 확산될 것이다.[9]

이 시대에 우리는 다시 한 번 본질을 붙들고, 진리의 힘으로 다음 세대를 품어야 한다. 세상 문화를 단순 배격하는 데 그치지 않고, 진리와 사랑으로 세상을 분별하며 새롭게 변화시킬 영적 용기를 회복해야 할 때다.

감성, 자기구원, 도덕적 상대주의

우리가 접하는 영화, 드라마, 그리고 다양한 대중문화 콘텐츠는 단순한 오락을 넘어 하나의 새로운 신앙 체계로 자리 잡고 있다. 이 새로운 신앙은 전통적인 종교가 지녔던 제단이나 엄격한 교리를 갖추지 않았지만, 사람들의 마음을 사로잡아 위로하고, 때로는 삶의 방향을 제시하기도 한다.

　이 대체 신앙은 무엇보다도 '감성'을 최우선 가치로 삼는다. 슬픔이나 공감, 그리고 감동과 위로는 진리를 대신한다. 눈물과 감정이 많으면 그것이 곧 선함의 증거로 여겨지고, 아픔이 깊으면 자연히 용서와 면죄부가 따라온다.[10] 하지만 이러한 감성 중심의 신앙은 회개나 믿음의 본질과는 다르다. 감동은 진정한 변화가 아니며, 눈물은 반드시 회개의 열매가 되지 않는다. 오히려 감정이 진리의 자리를 차지할 때, 영혼은 깊은 허무와 무기력 속으로 빠져들 수밖에 없다.

　또한, 오늘날 대중문화는 '자기구원'의 신화를 적극적으로 퍼뜨린다. 과거 신화 속 인간들은 신들의 도움 없이는 구원받을 수 없었지만, 현대의 이야기는 전혀 다른 메시지를 전한다. '네가 곧 해답이다.', '너 자신을 믿어라.'는 이 메시지는 하나님의 은혜와 십자가의 능력을 희석시키고, 스스로 자신을 구원할 수 있다는 잘못된 희망을 심어준다.[11] 이로 인해 회개는 멀어지고, 은혜의 필요성은 부정되며, 영적 자만과 속박만 더욱 깊어진다.

　뿐만 아니라, 도덕적 상대주의가 대체 신앙의 또 다른 근간을 이룬다. 절대적이고 변치 않는 선과 악의 기준이 무너지고, 모든 행위는 개인의 배경과 사연에 따라 다르게 해석된다.[12] 악인도 트라우마와 상처가 있는 존재로 이해받으며, 죄가 드러나도 '그럴 수도 있지.'라는 관용적 태도가 지배한다. 그러나 이런 포용은 진정한 사랑이 아니며, 죄를 가볍게 여기고 회개를 막는 거짓 자비에 불과하다.

특히 현대의 젠더 이데올로기와 성혁명은 이러한 대체 신앙이 문화 속에서 발현된 대표적인 현상이라 할 수 있다. 감성과 개인 권리를 극대화하며 전통적인 성경적 진리를 부정하는 이 사상은 기독교 신앙과 근본적으로 충돌한다.[13]

이런 상황 속에서 교회는 단순히 거부하거나 비난하는 데 그칠 것이 아니라, 성경의 진리에 기초하여 이 사상과 문화 흐름을 분별할 수 있는 기준을 제시해야 한다. 특정 인물이나 저작에 의존하기보다, 하나님의 말씀을 토대로 명확하고 객관적인 입장을 세우는 것이 중요하다.[14]

그렇다면 무엇을 해야 할까? 바로 문화의 코드를 읽어내는 일, 곧 리터러시가 필요하다. 단순히 이원론적으로 '좋다, 나쁘다'의 경계선을 긋는 것이 아니라, 그 속에 담긴 세계관과 가치, 메시지를 분별하도록 돕는 것이다. 이것이야말로 오늘날 교회가 감당해야 할 중요한 지적 사역이다.[15]

교회의 대응과 신앙 회복을 위한 방향성

우리는 복잡하고 빠르게 변하는 문화의 흐름 한가운데 서 있다. 영화와 신화, 대중문화가 만들어내는 새로운 '신앙'은 사람들의 마음을 사로잡고 있지만, 그 속에는 진리를 흐리고 영혼을 잠식하는 위험이 도사리고 있다. 이런 상황에서 무엇보다 교회는 복음의 본질을 굳건히 붙들어야 한다. 복음은 단순한 감정적 위로나 자기 위안의 도구가 아니다.

우리 삶을 변화시키는 하나님의 능력이며, 죄와 회개, 그리고 새 생명으로 인도하는 길이다. 교회는 이 진리를 명확히 선포하면서도, 따뜻한 사랑과 이해로 사람들을 품어야 한다.

예배도 마찬가지다. 오늘날 예배가 공연화되고 감성에만 집중하는 현상 속에서, 교회는 다시 '신령과 진정'으로 드리는 산 제사의 자리를 회복해야 한다. 하나님 앞에 온전히 나아가는 예배가 회복될 때, 사람들의 삶에도 진정한 변화가 시작된다.

또, 교회는 젠더 이데올로기 같은 오늘날의 문화적 도전에 대해서도 두려워하거나 피하지 말고, 성경적 진리를 바탕으로 분명하고 사랑 가득한 입장을 취해야 한다. 진리는 타협의 대상이 아니지만, 동시에 진리가 사람들을 향한 하나님의 사랑 안에서 전해질 때 더욱 힘을 발휘한다. 교회에만 머무르지 않고, 삶이 예배가 되고 진리를 일상에서 실천하는 성도가 늘어날 때 교회의 빛과 소금의 역할은 회복된다.

교회는 오늘날 문화와 대중 매체의 영향을 정확히 파악하고, 무조건 배척하기보다 복음의 관점에서 현명하게 비판하고 수용하는 지혜를 가져야 한다. 미디어가 전하는 인간 내면의 갈망과 아픔을 이해하며, 그 자리를 오직 복음으로 채우는 사명이 교회에 있다.[16]

이처럼 교회가 복음의 진리와 사랑을 굳건히 세우고, 신앙 공동체를 통해 삶의 변화를 이끌 때, 세상은 새롭게 변화될 것이다. 우리는 이 혼란스러운 시대에 다시 한 번 복음의 능력으로 세상을 빛과 소금 되게 하는 거룩한 공동체로 서야 한다.

XII.
오컬트 신화와 현대 심리학의 만남

영혼을 뒤흔드는 새로운 신앙의 실체와
인간 내면을 사로잡는 영적 함정

현대 사회는 전통적인 종교 신앙이 약화되고, 대신 오컬트와 신화, 그리고 심리학적 요소들이 뒤섞인 새로운 영적 흐름에 휩싸여 있다.[1] 이 흐름은 단순한 문화 현상을 넘어 많은 이들의 영혼 깊은 곳을 잠식하며, 교회 안팎에서 점점 심각한 도전으로 다가오고 있다.

오컬트적 신화는 고대부터 이어져 온 신비주의와 영지주의, 그리고 비밀스러운 지식을 통해 인간 내면의 갈망과 불안을 자극한다.[2] 여기에 특히 현대 심리학이 결합되면서 '자기 계발'과 '마음 치유'라는 이름 아래, 영적 진리 대신 감정과 경험 중심의 자기구원이 대세가 되었다.[3] 이 과정에서 복음의 본질인 회개와 죄에 대한 깨달음은 점차 희미해지고, 대신 '긍정의 힘'과 '내면의 신성'을 강조하는 메시지가 퍼지고 있다.[4]

겉으로는 '치유'와 '자기 발견'이라는 긍정적인 면모를 띠지만, 실상은 인간을 영적 속박에 가두는 또 다른 신화적 종교로 자리 잡은 것이다. 특히 대중문화와 미디어는 이 메시지를 강력히 확산시키며, 사람들의

영적 분별력을 흐리게 만들고 있다.[5]

이 장에서는 이러한 복합적인 영적 현상의 뿌리를 신화와 오컬트, 그리고 심리학의 교차점에서 탐색하고, 그 속에 감춰진 위험성을 살펴본다. 따라서 교회는 단순히 오컬트 문화나 심리학을 비판하는 데 그쳐서는 안 된다. 오히려 그 속에서 사람들이 찾고자 하는 진정한 위로와 정체성의 갈망을 깊이 이해하고, 그 필요에 복음으로 응답할 수 있는 실제적인 교회 교육과 설교, 상담 사역의 회복이 절실하다.

성도들에게는 심리학적 도구를 무조건 수용하거나 거부하는 이분법에서 벗어나, 성경적 분별력을 훈련시키는 '영적 리터러시' 교육이 요구된다.[6] 영화나 문화 콘텐츠를 비판 없이 소비하는 것이 아니라, 그것이 전달하는 메시지와 영적 틀을 분별하는 눈과 마음을 길러야 한다.

이것이야말로 이 혼합된 시대 속에서 신자가 '진리 안에 거하는 훈련'을 할 수 있는 실질적인 방향이며, 교회가 반드시 회복해야 할 사명이다.[7]

영화 속 오컬트 모티프의 상징과
현대인의 무의식과 영적 갈망

현대 영화는 고대 신화와 오컬트 상징을 재해석하며 대중에게 깊은 영적 메시지를 전한다.[8] 특히 〈검은 사제들, 2015〉과 〈검은 수녀들, 2025〉, 〈거룩한 밤, 2025〉 같은 작품들은 종교적 공포와 신비주의를 결합해 관객의 무의식을 자극한다.

〈검은 사제들〉에서는 폐허가 된 성당에서 벌어지는 악령 퇴치 의식이 중심이 된다. 주인공 사제들이 보여주는 금욕적이면서도 신비로운 의식은 옛 신화 속 제의 의식을 떠올리게 하며, 선과 악의 영적 대결을 극대화한다.[9] 특히 영화 속에서는 십자가, 마늘, 소금 등 전통적으로 귀신을 쫓는 미신적·주술적 도구들이 함께 등장하는데, 이는 실제 신앙적 권위보다 오히려 주술적 요소에 기대는 듯한 인상을 주며, 현대 영적 전쟁에 대한 왜곡된 이해를 반영한다.[10]

마지막 장면에서 사제가 고난을 감수하며 악령을 몰아내는 모습은 그리스도인의 영적 싸움을 상징적으로 그려내지만, 동시에 주술과 미신 사이의 모호한 경계도 드러난다.

〈검은 수녀들〉은 소년의 몸에 악귀가 들어간 사건을 다루며, 이를 퇴마하기 위해 수녀가 무당과 협력하는 과정을 그린 영화다. 영화 속 수녀는 악귀를 자신의 자궁에 담아 소년을 구원하기 위해 결국 자신을 희생하는데, 이는 전통적인 기독교 구원론과 대치되는 매우 왜곡된 신앙적 메시지를 담고 있다.

이 작품은 예수 그리스도의 대속적 구원과 하나님의 권능을 부정하며, 악령 퇴치가 인간의 의지나 신비로운 주술 행위에 의존하는 것으로 묘사한다. 또한, 성경적 권위 대신 오컬트적 의식과 주술적 요소를 적극 활용해, 신앙의 본질을 흐리고 혼란스럽게 만든다.

이 영화는 공포와 미스터리라는 장르적 매력에 기대어 영적 진리와 대속의 복음을 왜곡하는 대표적인 사례로, 기독교 신앙의 근본적 진리를 훼손하는 위험성을 내포하고 있음을 경계해야 한다.

한편, 마동석 주연의 영화 〈거룩한 밤: 데몬 헌터스〉는 전통적인 오컬트와 악령 퇴치 서사를 현대적으로 재해석하며, 관객에게 강렬한 영적 전쟁의 메시지를 전한다. 이 작품은 악마와의 싸움 속에서 인간 내면의 어둠과 갈등을 조명하며, 오컬트적 요소를 기반으로 한 신화적 긴장감을 효과적으로 그려낸다. 영화는 단순한 공포를 넘어, 악의 실체와 맞서는 인간의 용기와 희생을 강조하며, 참된 구원과 대속의 의미를 무시하거나 부정하는 경향이 짙다. 이러한 영화들에는 무의식 속 깊이 자리한 정의와 구원에 대한 욕망이 녹아 있다.[12]

이와 더불어, 오컬트적 상징과 신비주의는 〈컨저링〉 시리즈, 〈인시디어스〉, 〈애나벨〉 등 할리우드 공포 영화에서도 두드러진다. 이들 영화는 악령, 저주, 성스러운 의식 등 기독교 신앙의 경계선에 있는 소재를 소재로 삼아 대중의 관심을 끈다.

그러나 신앙적 관점에서 보면, 이러한 영화들은 때로 영혼을 혼란에 빠뜨리고 신앙의 본질을 흐릴 위험도 내포한다. 신비주의적 요소들이 진리와 복음의 명확한 경계선을 모호하게 만들며, 관객들로 하여금 현실의 영적 전쟁을 제대로 인식하지 못하게 할 수 있다.[13]

따라서 교회와 신앙 공동체는 이러한 문화 현상을 무시하거나 배척하는 대신, 신학적 통찰과 영적 분별력을 가지고 대응해야 한다. 영화 속 신화와 오컬트 모티프를 비판적으로 수용하면서, 참된 복음의 빛으로 이 시대 사람들을 이끌어야 할 책임이 있다.

MBTI의 신비주의와 현대 심리학의 영적 도전

현대 심리학의 대표적 도구 중 하나인 MBTI(Myers-Briggs Type Indicator)는 개인의 성격 유형을 분석하는 데 널리 활용된다. 그러나 그 뿌리를 깊이 들여다보면, MBTI는 단순한 심리 검사 이상으로, 오컬트적 신비주의와 영지주의 전통과 연결된 복잡한 역사적·철학적 배경을 갖고 있다.

MBTI는 칼 융의 분석심리학에 근간을 두고 있는데, 융 자신이 원형(archetype)과 무의식을 신비주의적 관점에서 해석했던 점은 잘 알려져 있다.[14] 융의 이론은 고대 신화와 상징, 그리고 영적 체험을 심리학적 언어로 풀어낸 것으로, 이 과정에서 심리학과 신비주의가 결합하는 독특한 현상이 발생했다.[15] MBTI 역시 이런 융의 사상에서 영향을 받아, 인간의 내면세계를 유형화하며 '자기실현'과 '자기치유'를 강조한다.

문제는 MBTI가 영적 성장이나 자기계발의 도구로 활용되는 과정에서, 성경적 진리와 대립할 수 있는 신비주의적 요소가 묻어나며, 이로 인해 그리스도인의 영적 삶에 혼란을 초래할 수 있다는 점이다. MBTI가 인간의 본질을 '유형'으로 규정하면서, 사람을 규격화하고 내면의 신비한 영역을 지나치게 단순화하거나 왜곡할 위험이 있다.

더 나아가, MBTI가 강조하는 '자기이해'와 '내면탐구'는 은혜를 통한 회개와 구원, 그리고 성령의 역사와는 다른 '자력갱생' 혹은 '자기 구원'의 사상을 조장할 수 있다.[16] 이는 복음의 핵심 메시지와 충돌하며, 그리스도인의 신앙 생활에 잠재적 독소가 될 수 있음을 경계해야 한다.

교회는 MBTI와 같은 심리학 도구를 완전히 배척할 필요는 없지만,

그것이 가진 신비주의적·비성경적 요소를 분별하여 비판적으로 수용하는 자세가 필요하다.[17] 진정한 영적 성숙은 인간의 유형 분석이나 자기 발견을 넘어, 십자가 복음과 성령의 역사 안에서 이루어진다는 점을 명확히 해야 한다.

따라서 MBTI와 현대 심리학의 도구들을 사용할 때에도, 복음의 빛 아래에서 재검토하고, 성경적 세계관과 일치하는 방향으로 신앙인들의 삶에 적용하는 지혜가 요구된다. 이로써 교회는 오늘날 복잡하고 혼란스러운 심리학 문화 속에서 성도들을 굳건히 세우는 역할을 감당할 수 있을 것이다.

신화 심리학, 〈굿 윌 헌팅〉의 구원 서사

현대 사회에서 점성술, 타로, 에니어그램 등 고대 오컬트 상징들이 놀랄 만큼 부활하며, 단순한 미신이나 오락을 넘어 심리학적 자기 이해와 영적 탐구의 도구로 자리 잡고 있다. 이 상징들은 칼 융의 분석 심리학과 만나면서 새로운 해석을 얻었는데, 융은 인간 무의식에 내재한 원형(archetype)을 통해 신화적 이미지가 개인과 집단 심리에 깊숙이 연결되어 있음을 강조했다.[18] 덕분에 점성술이나 타로는 단순한 점괘가 아니라 내면의 자기(Self)를 발견하고 치유하는 상징적 통로가 되었다.

이와 같은 심리학과 신화적 상징의 융합은 영화 〈굿 윌 헌팅〉에서도 강렬히 드러난다. 이 영화는 심리학적 깊이와 서사 구조의 탁월함으로 인해, 영화계에서 명작 중의 명작으로 평가받으며, 대학강의 중 영화 리터러시는 필수적으로 다뤄지는 작품 중 하나다. 그만큼 이 영화가 주는 정서적 영향력과 문화적 시사점은 결코 작지 않다.

주인공 윌 헌팅은 천재성을 지녔으나 어린 시절 학대와 상실의 상처로 자기 방어와 내면의 고통에 갇혀 있다. 그의 내면 여정은 조셉 캠벨이 말한 '영웅의 여정' 구조와 부분적으로 닮아 있으며, 인간이 어둠과 시련을 극복하고 진정한 자아를 찾아가는 과정을 신화적 서사로 풀어낸 현대적 이야기라 할 수 있다.[19] 칼 융이 말한 '개성화 과정', 즉 무의식과 의식의 통합을 통한 온전한 자기 발견이 영화 전반의 핵심 주제다.[20]

특히 윌과 심리치료사 숀의 대화는 단순한 상담을 넘어 깊은 내면의 변화를 이끄는 중요한 순간이다. 윌이 자신의 상처를 직면하고 용서와 사랑을 배우는 과정은, 많은 고대 이야기에서 영웅이 시련을 겪고 성숙해지는 변형의 서사와 유사한 측면을 지닌다. 이 영화는 '부서진 자아'

의 치유와 성장 과정을 통해 현대인의 심리적 갈등과 회복의 가능성을 상징적으로 보여준다.

   그러나 신학적 관점에서 볼 때, 고대 오컬트 상징과 현대 심리학이 제공하는 자기 치유와 구원 서사는 주의 깊게 재검토되어야 한다.

   이러한 체계는 인간을 영적 주권자로 세우는 듯하지만, 실제로는 은혜를 통한 참된 회개와 구원의 필요를 희석하고, 인간의 자력갱생 사상을 강화하는 위험이 있다.[21] 감동과 위로에 머무는 '자기 발견'은 구원의 본질을 대체할 수 없으며, 진정한 영적 변화는 복음의 능력으로만 가능하다.

   따라서 교회는 이 문화 현상을 단순히 배척하기보다는 복음의 빛으로 비판적 수용하여, 현대인이 내면의 상처와 갈등을 마주하는 자리에서 참된 치유와 구원의 길을 제시해야 한다. 신화와 심리학의 교차점에서 인간 존재의 의미를 탐색하는 이 시대에, 복음은 우리에게 진리와 자유를 가져다주는 유일한 소망임을 확실히 선포해야 할 것이다.

XIII.
결론 – 예레미야의 눈물, 오늘 교회를 향해 흘리다, 회개 없는 예배는 없다

신화와 종교통합에 맞서는 거룩한 분별

오늘 우리는 문화 전반에 퍼져 있는 신화적 요소들과 심리학, 젠더 이데올로기, 오컬트, 그리고 다양한 '대체 신앙'들이 얽히고설킨 혼란의 시대를 살아가고 있다. 이 현상은 단순한 유행이 아니라, 고대 로마의 콘스탄티누스가 시도했던 종교통합처럼 오늘날 문화 속에서도 '신들의 귀환'을 통해 다양한 신화와 대체 종교들이 하나로 엮여 가는 문화적 통합을 지향하고 있다.[1]

젠더 이데올로기, 오컬트 상징, 신화적 미디어, 심리학적 자기구원 메시지 등은 이 흐름의 도구이며, 교회가 지녀야 할 복음의 순수성을 위협하는 전략이 되고 있다.[2] 이러한 시대 속에서 교회가 지켜야 할 길은 오직 복음의 능력 위에 굳게 서는 것이다. 거룩한 분별, 순결한 예배, 그리고 진리의 선포가 교회의 유일한 무기다.[3]

진정한 예배는 감정적 표현이나 형식적 안심이 아니라, 하나님 앞에 드리는 신령과 진정의 산 제사이다.[4] 우리가 붙들어야 할 다섯 가지 복음의 진리 **오직 성경(Sola Scriptura), 오직 믿음(Sola Fide), 오직 은혜**

(Sola Gratia), 오직 그리스도(Solus Christus), 오직 하나님께 영광(Soli Deo Gloria)는 이 시대의 모든 혼합주의와 종교통합에 맞설 수 있는 강력한 경계선이다.[5]

존 맥아더가 〈예배〉에서 강조한 것처럼, 예배는 하나님과 인간이 실제로 살아서 만나는 현장이며, 복음의 능력이 작동하는 자리다.[6] 그러나 그 예배는 회개 없이는 온전히 세워질 수 없다. 진정한 회복은 단지 예배당으로 돌아가는 것이 아니라, 복음의 본질로 되돌아가 죄를 자복하고 회개하는 것에서 시작된다.[7]

제단을 다시 세우라! 이 시대 광야의 외치는 소리

① 회개 없는 민족에겐 구원은 없다

남유다의 멸망은 단순한 역사적 사건이 아니라, 회개하지 않은 백성에게 임한 하나님의 심판이었다. 예레미야는 눈물로 외쳤지만, 백성은 끝까지 하늘 여왕을 섬기겠다고 고집했다. '우리는 하늘 여왕에게 분향하리라.'(렘 44:17)는 완고함은, 하나님의 말씀을 거부하고 종교혼합주의에 빠진 자들의 전형이다.[8] 놀랍게도 이 모습은 오늘날 우리 사회와 교회의 상태와 닮아 있다.

② 형식적 종교와 교회 중심주의에 대한 경고!

예레미야 시대 이스라엘 백성은 성전이 있다는 이유로 하나님의 심판이 임하지 않을 것이라 생각했다. 오늘날도 많은 교회가 건물 중심, 프로그램 중심, 예배당 중심의 신앙에 안주한다. 목회자들은 시스템 유지를 외치고, 성도들은 종교적 행위에 안주하며 스스로를 만족시킨다. 그러나 '회개 없는 예배', '복음 없는 심리학', '믿음 없는 미디어 예배'는 하나님께서 기뻐하지 않으신다.[11] 예배의 외형이 남아 있어도 그 안에 복음이 없고 회개가 없다면, 그것은 하나님이 외면하시는 제사일 뿐이다.[9]

③ "제단을 다시 세우라"는 회복의 명령!

엘리야는 갈멜산에서 무너진 여호와의 제단을 다시 쌓고, 그 위에 번제를 드렸다. 그리고 하늘에서 불이 내려왔다. 무너진 제단을 다시 세우라는 명령은 단지 과거의 사건이 아니라, 오늘 우리에게도 주어진 영적 명령이다. 지금 우리에게 필요한 것은, 무너진 말씀, 회개, 진정한 예배, 복음 중심성을 다시 세우는 것이다. 이것이야말로 진정한 부흥의 시작이다.

④ 회개 없는 예배는 가증하다

이사야 1장에서 하나님은 이스라엘의 절기와 제사를 미워하신다고 말씀하신다. 아모스 5장에서도 "너희의 노래 소리를 내가 듣지 아니하겠고, 너희의 비파 소리도 내가 듣지 않겠다."고 선언하신다. 하나님은 회개 없는 예배, 형식적인 찬양, 자기중심적 경건을 기뻐하시지 않는다.[10] 회개 없는 예배는 하나님을 감동시키지 못하며, 오히려 진노를 불러올 수 있다.

⑤ 회개와 분별이 민족과 교회를 살린다

하나님은 지금도 찾고 계신다. 하나님이 기뻐 받으실 마지막 예배자의 헌신과 혼돈의 시대를 끝까지 미혹에서 견디며 분별하는 자를, 무너진 제단을 다시 세우고, 순결한 복음으로 돌아올 자, 지금 이 책을 읽고 있는 당신을 기다리고 계신다.[11]

이 시대 반드시 명심하고 외쳐야 할 것은 신앙과 구원은 오직 성경뿐이며, 사람은 행위가 아닌 오직 믿음으로 의롭게 되고, 구원은 전적으로 하나님의 은혜로 주어진다. 그리고 중보자는 그리스도 한 분뿐이며 그를 통해 구원이 이루어지며, 모든 영광은 오직 하나님께만 돌려야 한다.[12]

지금이야말로 '내 감정이 충족되었는가.'가 아니라 '하나님이 받으셨는가.'를 물어야 할 때이다.

Sola Scriptura, Sola Fide, Sola Gratia,
Solus Christus, Soli Deo Gloria

미주

1장

1. 가나안 정복의 의미: 가나안 정복은 물리적 영토 점령이 아니라, 그 지역의 영적 권세와 예배 체계를 무너뜨리는 신학적 전쟁이었다. (성경신학개론, G. Goldsworthy)
2. 에덴 사건의 반복: 선악과 사건은 인류의 영적 구조 붕괴의 시초이며, 가나안 문화와의 접촉은 그 유혹의 반복이었다. (창세기 3장 참조)
3. 정복 명령의 이중성: 하나님의 정복 명령은 공의로운 심판과 동시에, 백성 보호의 목적이 내포되어 있다. (신명기 9:4-6)
4. 가나안 문화의 정체: 단지 사회적 관습이 아니라, 신화적이고 종교적인 영적 권세 체계였다. (Michael S. Heiser, The Unseen Realm)
5. 영적 전쟁 개념: 성경에서 '문화'는 곧 영적 전쟁의 장이며, 이스라엘이 싸워야 할 실체는 '신화적 문화 구조'였다. (에베소서 6:12)
6. 여리고 성의 상징성: 여리고의 붕괴는 하나님의 주권과 영적 질서 회복의 상징으로 해석된다. (여호수아 6장)
7. 신화의 위장성: 가나안의 신화는 단순한 민속이 아니라, 사탄이 가장한 종교적 질서였다. (고후 11:14)
8. 영적 구조 개념: 문화는 중립적이지 않으며, 영적 이념과 권세가 스며든 구조다. (로마서 12:2)
9. 모자 숭배 개념: 모자 숭배는 고대 이교에서 흔한 구조이며, 이후 가톨릭의 마리아 숭배로 이어지는 문화적 기반이 된다. (Alexander Hislop, The Two

Babylons)
10. 신화의 확장성: 바벨에서 시작된 종교 신화는 다양한 문명과 시대를 초월하여 반복되는 패턴이다. (Joseph Campbell, The Hero with a Thousand Faces)
11. 존 맥아더는 가나안 문화를 "하나님을 거절하고 피조물을 신격화한 우상숭배 체계."라며, 바벨 문화의 연속선상에 놓인 거짓 예배라 지적한다. (John MacArthur, The Battle for the Beginning, Thomas Nelson, 2001)

2장

1. 대표적으로 수메르 신화의 엔키, 바빌로니아의 마르둑, 이집트의 라, 노르드 신화의 이미르 등이 창조주로 등장한다. 이들은 모두 성경의 창조주 하나님과는 본질적으로 다른 존재들이다.
2. 프랜시스 쉐퍼는 《그리스도인은 왜 세상과 다른가》에서 인간의 반역이 철학, 예술, 신화로 변주되어 문화를 지배하게 되었음을 지적한다.
3. 아브라함 카이퍼는 모든 문화가 '종교적 중심'을 갖고 있으며, 하나님이 배제된 문화는 결국 우상 숭배로 귀결된다고 분석한다.
4. 이난나는 이후 바벨론의 이슈타르, 그리스의 아프로디테, 로마의 비너스 등으로 재해석되며 다산과 쾌락, 전쟁을 겸한 신으로 계승된다.
5. 여신 숭배는 고대 근동부터 현대의 뉴에이지까지 다양한 형태로 지속되어 왔다. 이는 인간이 본능적으로 '생명의 근원'을 왜곡된 방식으로 찾으려는 시도다.
6. 한국 신화에서 환인은 '하늘의 신'으로, 환웅이 인간 세계로 내려와 문명을 연다는 구조는 바벨적 권위 전이의 한 사례로 분석된다.
7. 하와이 및 마오리 신화에서 타네 마후타는 자연의 조화와 질서를 창조한 신으로 묘사되며, 그의 형상은 숲과 인간 사이의 신성한 연결을 상징한다.

8. 리처드 니버는 《그리스도와 문화》에서 각 문명은 자신만의 신화를 통해 통치 권위를 신격화했으며, 이는 인간이 하나님의 주권을 대체하려는 시도였다고 비판한다.
9. 태양신 라는 오시리스, 호루스와 함께 이집트의 삼위일체적 신개념을 형성했고, 파라오 숭배는 국가 종교와 정치 체계를 하나로 엮었다.
10. 에누마 엘리시는 기원전 12세기경 성립된 바빌로니아의 신화로, 왕권의 정당화를 위해 종교적 신화를 적극 활용한 대표 사례로 평가된다.
11. 중국의 천명 사상은 《서경》과 《사기》 등에 반복적으로 나타나며, 정치 권력이 하늘의 권위를 계승한다는 구조를 제공했다.
12. 로마 제국의 '황제숭배(cult of the emperor)'는 국가 통치의 결속력 강화를 위한 수단으로 활용되었으며, 초대 교회가 이를 거부하다 순교당한 역사와도 연결된다.
13. 존 프레임은 예배의 왜곡은 곧 신론의 왜곡이며, 하나님을 통치 도구로 전락시킨 시대마다 영적 타락이 가속화되었음을 강조한다.
14. 이와 같은 창조 서사의 공통점은 '혼돈에서의 질서'가 아닌 '혼돈의 내재화'이다. 이는 기독교 창조론과의 본질적 충돌을 형성한다.
15. 에누마 엘리시에서 마르둑은 "나는 피로 인간을 만들리라."고 선언하며, 폭력이 창조의 전제가 됨을 명시한다.
16. 이집트의 창조 신화는 '자연적 분출'과 '육체 분열'을 통해 창조가 진행되며, 이는 헬레니즘 신화에도 반복된다.
17. 노르드 신화에서 이미르의 시체를 재료 삼아 세계를 구성했다는 구조는 기독교적 창조 개념과 대척점에 있다.
18. 환웅 신화의 '하강 모티프'는 권력의 정당성을 신격화하려는 구조이며, 인간

여성과의 결합은 바벨론 신화의 반복적 요소다.
19. 존 맥아더는 《왜곡된 예배》에서 오늘날 예배의 상업화와 자기중심화를 '바벨탑 쌓기'와 동일시하며 경고한다.
20. 히브리서 12장 28절은 참된 예배가 경외함으로 드려져야 함을 명확히 밝힌 본문이다.
21. 폴 틸리히는 《체계신학》에서 현대 우상 숭배 현상을 인간 존재의 '궁극적 관심' 왜곡으로 해석하였다.
22. 개혁주의 신학은 하나님 중심적 세계관 회복을 교회의 근본 사명으로 규정하며, 이를 통한 성도의 자유와 구원을 강조한다.

3장

1. 프랜시스 쉐퍼, 《그리스도인은 왜 문화에 관심을 가져야 하는가》, 생명의말씀사, 2008, pp. 41-43.
2. Plato, Republic, Book X, trans. G. M. A. Grube, Hackett Publishing.
3. John Frame, The Doctrine of the Knowledge of God, P&R Publishing, 1987, pp. 85-86.
4. Francis Schaeffer, How Should We Then Live?, Crossway, 2005, p. 53.
5. Carl R. Trueman, The Rise and Triumph of the Modern Self, Crossway, 2020, pp. 67-70.
6. 반틸, 《기독교 변증학》, 기독교문서선교회, p. 131.
7. John M. Frame, Apologetics to the Glory of God, P&R, 1994, pp. 45-47.
8. 로버트 L. 레이몬드, 《조직신학》, CLC, 2004, p. 1053.
9. 프랜시스 쉐퍼, 앞의 책, p. 109.

10. 반틸, 앞의 책, p. 158.
11. Kevin Crossley-Holland, The Norse Myths, Pantheon Books, 1981.
12. Neil Gaiman, Norse Mythology, W. W. Norton & Company, 2017.
13. Rodney Stark, The Triumph of Christianity, HarperOne, 2011, pp. 75-78.
14. Justo L. González, The Story of Christianity, vol. 1, HarperOne, 2010, p. 129.
15. Alexander Hislop, The Two Babylons, Loizeaux Brothers, 1959, pp. 165-167.
16. Walter Martin, The Kingdom of the Cults, Bethany House, 2003, p. 105.
17. Hislop, 앞의 책, pp. 103-106.
18. Michael S. Heiser, The Unseen Realm, Lexham Press, 2015, p. 220.
19. 존 칼빈,《기독교 강요》, 생명의말씀사, IV. 10. 23.
20. 마르틴 루터,《독일 교회 개혁에 대하여》, 문헌재출판사, p. 78.

4장

1. 고대 근동에서 도시국가(polis)는 단순한 거주지가 아니라 정치, 종교, 경제 기능이 통합된 제의 중심체로 이해되었다. 이는 메소포타미아, 이집트, 가나안 등지에서 공통적으로 발견되는 도시 구조였다. 각 도시는 '신의 거처'로 여겨졌으며, 신전은 곧 도시의 중심이었다.
2. 로렌스 E. 스태거(Lawrence E. Stager)는 가나안 성읍을 "신이 지배하는 집단"으로 정의하며, 정치 권력과 종교 권력이 결합된 신정적 구조로 설명한다.
3. 요하네스 페더슨(Johannes Pedersen)은 고대 가나안의 도시 구성에 대하여 "도시는 신전에서 출발하며, 모든 질서는 신의 거처로부터 방사형으로 흘러나간다."고 하였다.
4. 존 프레임(John Frame)은 "모든 문화는 예배의 표현이다. 참 하나님께 드려지

지 않는 문화는 본질상 우상 숭배의 연장선에 있다."고 보았다. 여리고는 단지 정치적 단위가 아닌, 우상 숭배를 기반으로 한 종교적 제단이었다.

5. 프랜시스 A. 쉐퍼(Francis A. Schaeffer), 《그러면 우리는 어떻게 살 것인가》(How Should We Then Live?)에서 문명의 역사적 흐름은 반복된다고 주장하며, 바벨탑의 정신이 문명을 통해 여러 시대에 걸쳐 부활한다고 말한다.
6. 고대 근동의 신전 매춘은 바알 숭배와 밀접하게 연결되어 있으며, 신과의 교감을 위한 성의례는 실제로는 사제들의 성적 착취 수단이었다. 이러한 행태는 신전 중심 제사 문화의 부패를 보여 주는 대표적 사례로 남아 있다.

참조: Baruch A. Levine, In the Presence of the Lord, Brill, 1990.
7. 로버트 그레이브스, The Greek Myths, Penguin Books, 1990, p. 113. 고대 사회에서 문신은 특정 제사장 집단이나 신전 노예를 구분하는 제의적 상징으로 사용되었다는 고고학적 연구가 있다.
8. 미르체아 엘리아데, 종교와 상징, 박광순 역, 현대지성, 2017, pp. 54-57. 엘리아데는 신화의 반복성과 신화 기호가 인간 육체에 각인되는 과정을 문화 구조와 연관지어 해석한다.
9. 프랜시스 쉐퍼, 무너진 세계를 향한 하나님의 메시지, 생명의말씀사, 2015, p. 89. "기독교는 외면적 의식보다 내면적 변화에 집중하는 유일한 종교"라고 쉐퍼는 지적한다.
10. 폴 코프먼, "Tattoo Culture and the Human Search for Meaning", Themelios, Vol. 42, Issue 3, 2017. 타투 문화의 기원은 종종 종교적 주술, 성적 제의에서 유래된 것으로 분석된다.
11. 리처드 나이버, 그리스도와 문화, IVP, 2002, pp. 172-176. 나이버는 문화가 종교적 상징을 재포장하여 반복 소비하는 과정을 언급하며 대중문화 속 신화의

지속성을 설명한다.

12. 존 프레임, 기독교 윤리학, 부흥과개혁사, 2021, p. 244. 그는 "현대 문화의 자기표현은 종종 불안을 은폐하려는 심리적 방패."라 평가한다.
13. 마이클 호튼, 하나님을 위한 사람 만들기, 생명의말씀사, 2013, p. 215. 바벨의 상징이 현대에도 문화적 기호로 반복되고 있음을 언급하며, 문화 속에서 구속적 해석이 필요하다고 주장한다.
14. Jack Tresidder, Symbols and Their Meanings, Duncan Baird Publishers, 2000, pp. 146-149. 문신은 고대 메소포타미아와 이집트에서 죽은 자의 영과 연결하려는 주술적 통로로 사용되었다.
15. Samuel Noah Kramer, History Begins at Sumer, University of Pennsylvania Press, 1981, pp. 153-157. 수메르의 신성 결혼 제의(hieros gamos)는 왕과 여사제가 죽은 신의 부활을 상징하는 의식이었다.
16. Geraldine Pinch, Magic in Ancient Egypt, British Museum Press, 1994, p. 66. 하토르 숭배는 이집트 여사제들의 성적 제의 및 주술적 문신과 연결되어 있었으며, 특히 하복부 문신은 영적 연결을 상징했다.
17. Douglas E. Cowan, Sacred Terror: Religion and Horror on the Silver Screen, Baylor University Press, 2008, pp. 78-82. 현대 타투 문화는 종종 무의식 속의 신화적 상징과 죽은 자의 기호를 반복 소비하는 방식으로 재현된다.
18. C. H. Spurgeon, The Soul Winner(Whitaker House, 1995), 91.
19. John MacArthur, Worship: The Ultimate Priority(Moody Publishers, 2012), 12.
20. 존 맥아더, 예배: 진정한 경배자의 자세(서울: 생명의말씀사, 2018), 87.
21. 존 맥아더, 설교와 예배(서울: 생명의말씀사, 2015), 132.

22. 존 맥아더, 예배의 본질(서울: 생명의말씀사, 2017), 45.

5장

1. 프랜시스 A. 쉐퍼, 그러면 우리는 어떻게 살 것인가(서울: 생명의말씀사, 2001), 49.
2. 바빌론과 가나안의 산당 문화에 대한 고고학적 정황은 John D. Currid, Against the Gods(Wheaton: Crossway, 2013), 89.
3. 반틸, 기독교 변증학 개론(크리스천다이제스트, 2011), 142.
4. 존 프레임, 신론(부흥과개혁사, 2014), 978.
5. 프랜시스 A. 쉐퍼, 하나님이 침묵하실 때(서울: 생명의말씀사, 1999), 115.
6. 존 맥아더, 하나님의 계획과 인간의 책임(서울: 생명의말씀사, 2020), 167
7. John D. Currid, Against the Gods: The Polemical Theology of the Old Testament(Wheaton: Crossway, 2013), 34.
8. Kenneth A. Kitchen, On the Reliability of the Old Testament(Grand Rapids: Eerdmans, 2003), 369.
9. 프랜시스 쉐퍼, 그러면 우리는 어떻게 살 것인가(서울: 생명의말씀사, 2001), 74.
10. 반틸, 기독교 변증학 개론(서울: 크리스천다이제스트, 2011), 158.
11. 존 프레임, 신론(부흥과개혁사, 2014), 821.
12. 존 맥아더, 예배란 무엇인가(서울: 생명의말씀사, 2015), 92.
13. 프랜시스 쉐퍼, 기독교 선언(서울: 생명의말씀사, 2003), 133
14. William G. Dever, Did God Have a Wife?(Grand Rapids: Eerdmans, 2005), 186-190.
15. 프랜시스 쉐퍼, 참된 영적 존재로서의 기독교(서울: 생명의말씀사, 1998), 112.
16. Abraham Kuyper, Lectures on Calvinism(Grand Rapids: Eerdmans, 1931), 50.

17. 아브라함 카이퍼, 하나님 주권(서울: 기독교문서선교회, 2008), 83.
18. 존 프레임, 신론(부흥과개혁사, 2014), 577.
19. 프랜시스 쉐퍼, 그러면 우리는 어떻게 살 것인가(서울: 생명의말씀사, 2001), 47.
20. 오헬 모에드(אהל מועד)는 히브리어로 '만남의 장막', 또는 '회의의 장막'을 뜻하며, 하나님께서 이스라엘 백성과 만나시고 임재하시는 장소로 설정하신 거룩한 공간이다. 성막 전체를 의미하기도 하며, 하나님과 인간 사이의 언약적 만남이 이루어지는 지정된 예배의 장소로, 예배의 질서성과 공공성을 상징한다. 존 프레임은 이러한 예배 구조가 단순히 실용적 편의가 아닌, 계시적 질서에 따른 것임을 강조한다. (참고: 존 프레임, 《예배의 신학》, 86쪽)
21. 존 프레임, 예배의 신학(서울: 부흥과개혁사, 2011), 89.
22. Abraham Kuyper, Sphere Sovereignty, in Abraham Kuyper: A Centennial Reader, ed. James D. Bratt(Grand Rapids: Eerdmans, 1998), 488.
23. 아브라함 카이퍼, 하나님 주권(서울: 기독교문서선교회, 2008), 92.
24. John Bradshaw, Healing the Shame That Binds You(Health Communications, Inc., 1988). 브래드쇼는 '내면아이' 개념을 중심으로 감정 회복 중심의 심리 모델을 대중화했다.
25. Francis A. Schaeffer, The God Who Is There(IVP, 1968), 94쪽. 쉐퍼는 현대 기독교가 진리 대신 감정에 의해 좌우되는 위험을 경고했다.
26. Abraham Kuyper, Lectures on Calvinism(Eerdmans, 1931), 19쪽. 카이퍼는 "모든 영역이 그리스도께 속해 있다."고 주장하며 종교성의 전면성을 강조했다.

6장

1. 존 프레임, 《성경 진리의 복음적 해석》(복 있는 사람, 2010), 127쪽. 프레임은

사사기의 구절이 예배 중심의 붕괴와 인간 중심의 타락을 명확히 드러낸다고 지적했다.
2. 브루스 월키, 《구약의 신학》(복있는 사람, 2015), 215쪽. 월키는 미가의 집 사건이 신앙 공동체의 위기와 우상 숭배의 전형적 사례임을 분석했다.
3. 존 맥아더, 《교회론》(생명의 말씀사, 2005), 98쪽. 맥아더는 사사기의 경고를 오늘날 교회의 예배 회복과 연결하여 해석했다.
4. 프랜시스 쉐퍼, The God Who Is There(IVP, 1968), 92쪽. 그는 현대 교회가 하나님보다 자기 만족을 중심에 둔 구조로 변질되었음을 비판했다.
5. Abraham Kuyper, Lectures on Calvinism(Eerdmans, 1931), 45쪽. 카이퍼는 인간 중심적 신앙을 '가장 위험한 영적 위조물'로 보았다.
6. 프랜시스 쉐퍼, 위의 책 참조. 그는 인간 중심 예배를 "거룩을 잃은 종교의 허상"이라 지적했다.
7. William F. Albright, Yahweh and the Gods of Canaan(Doubleday, 1968), 137-138쪽. 알브라이트는 고고학적 발굴을 통해 북이스라엘 산당에서 혼합주의 흔적을 밝혔다.
8. 존 프레임, 예배의 신학(부흥과개혁사, 2012), 64쪽. 프레임은 참된 예배의 세 요소로 하나님 중심성, 성경적 진리, 성령의 임재를 강조한다.
9. 드라마 《지옥에서 온 판사》(tvN, 2021), 시즌 1. 여주인공 이름 '유티티아'는 로마신화의 정의의 여신에서 따왔다.
10. 위의 드라마 참조. 초월적 심판을 대체하는 인본주의적 정의가 반복적으로 등장한다.
11. 영화 Elysium(감독: 닐 블롬캠프, 2013). 이 영화는 인간이 신의 자리를 대신해 정의를 집행하려는 서사로 구성되어 있다.

12. 드라마 이상한 변호사 우영우(ENA, 2022). 감정적 스토리와 개인적 사연이 법적 판단을 좌우하는 흐름이 반복된다.
13. 프랜시스 쉐퍼, The God Who Is There(IVP, 1968), 110쪽. 쉐퍼는 현대 문화가 신화적 상징과 인본주의를 결합하여 새로운 종교로 기능하고 있음을 지적했다.
14. 넷플릭스 드라마 〈킹덤〉 시즌 1-2(2019-2020). 생사초 설정은 인간의 생명 통제 욕망과 그로 인한 파멸을 상징적으로 보여준다.
15. 영화 〈레지던트 이블〉 시리즈(2002-2016). 현대 과학의 오만과 신의 권위에 대한 도전이라는 모티프가 반복된다.
16. '문화적 신학'(cultural theology)은 현대 문화가 신학적 메시지를 재구성하거나 대체하려는 흐름을 설명하는 용어로, 프랜시스 쉐퍼는 《그러면 우리는 어떻게 살 것인가》에서 예술과 철학, 미디어가 인간 중심 세계관을 신학처럼 기능하게 만드는 문제를 지적했다.
17. '하나님 없는 내세관'은 구속 주 없는 부활, 하나님 없는 생명 회복이라는 개념으로, 개혁주의 관점에서 이는 인간의 감정이나 이타성이 구원의 조건이 될 수 없다는 점을 강조한다. 참된 부활은 예수 그리스도의 죽음과 부활에만 근거하며, 그 외의 모든 형태는 왜곡된 신화에 불과하다.
18. 알베르 카뮈, 《시지프 신화》, 실존주의 철학에서 시지프는 자살하지 않고 부조리를 견디는 상징으로 해석되며, 인간이 스스로 의미를 창조해야 한다는 무신론적 메시지를 담는다.
19. 소포클레스, 《안티고네》, 고전 비극에서 안티고네는 신의 법을 지키기 위해 자살하며, 이후 "신념을 위한 죽음"이라는 서사로 현대 문화에 반복 재생산된다.
20. 호메로스, 《일리아드》, 아약스는 전리품 분배에서 수치심을 견디지 못하고 자

살하며, 이는 고대 영웅 서사에서 명예 중심적 죽음의 대표적 사례로 등장한다.
21. 신카이 마코토 감독, 〈너의 이름은〉(2016), 죽음과 시간, 영혼의 교차를 통해 사후 세계를 신비롭고 낭만적인 구조로 묘사한다.
22. 넷플릭스 드라마 〈13가지 이유〉(2017), 자살한 여주인공이 남긴 테이프를 통해 자신의 죽음에 대한 이유를 설명하며, 자살을 일종의 정당한 메시지 전달 수단으로 표현한다는 논란이 있었다.
23. 영화 〈비포 아이 폴〉(Before I Fall, 2017), 반복되는 하루를 통해 삶의 의미를 찾아가는 과정이 긍정적 메시지와 죽음의 미화 사이에서 모호한 경계를 드러낸다.
24. 존 프레임,《기독교 세계관》, 판타지 문학 속 신화적 주제가 현대인 정체성 형성에 미치는 영향 분석.
25. 프랜시스 쉐퍼,《문화 전쟁》, 신화와 종교의 문화적 재현이 현대 사회에서 영혼에 미치는 영향 설명.

7장

1. 로마서 1:25 말씀은 고대 우상숭배뿐 아니라, 현대에 자기중심적 예배의 문제를 경고하는 성경 구절이다.
2. 현대 심리학과 자기계발 메시지는 '자기 회복'을 강조하면서도 하나님을 배제하는 경향이 강하다. 이는 본질적으로 인간 중심의 가짜 예배 형태로 비판받는다.
3. 자기 정체성 심리학은 개인의 자기 이해를 강조하지만, 하나님 중심 예배와 충돌할 때 영적 왜곡과 신격화의 위험이 있다. 교회는 이에 대해 신학적 분별과 교육을 강화해야 한다.
4. 하나님 중심이 아닌 '자기 위안'과 '자기 사랑'이 대중 심리학과 자기계발 문화에

서 미화되는 현상은 '자기 숭배'의 심리학적 표현이다.
5. 나르시시즘의 신화적 기원과 문화적 확산은 그리스 신화 속 나르키소스 이야기에서 상징적으로 드러난다.
6. 나르시시즘은 '자기 자신을 신의 자리에 앉히는 욕망'으로, 예배의 본질과 근본적으로 충돌하는 인간 내면의 죄성이다.
7. 죄를 심리학과 신화로 포장하는 것은 죄의 본질을 흐리고 자기기만을 낳는 현대의 심각한 문제다.
8. 나르시시즘이 팽배한 사회에서 예배는 '나를 위한 조언', '내 감정을 고양시키는 음악', '자기 자신을 다독이는 독백'으로 왜곡된다.
9. 나르시시즘적 신앙은 교회 내에서도 확산하며, 예배를 하나님이 아닌 '자기 자신'에게 드리는 전복적 형태로 변질시킨다.
10. 나르시시즘은 우상숭배의 은밀한 구조이며, 내면에 세워진 견고한 '보이지 않는 신전'으로서 분별과 파괴가 필요하다.
11. MBTI는 단순한 성격유형 검사 도구를 넘어 교회 내에서 신앙과 충돌하는 절대적 정체성 분류 기준으로 기능한다.
12. MBTI와 융 심리학은 고대 신화와 연관되며, 자기 이해를 넘어 자아를 고정시키고 복음의 변화를 방해하는 도구가 될 위험이 있다.
13. 인간은 하나님을 아는 자리에서만 참된 자기 이해에 이를 수 있으며, 복음은 자기 이해보다 '하나님'을 묻는 자리다.
14. 현대 영화와 심리학적 신화는 인간 자아를 신격화하며, 교회 내에 침투하여 예배를 대체하는 새로운 종교적 내러티브로 기능한다.
15. 현대 교회 내 심리학 언어의 확산과 복음의 본질 간의 근본적 차이를 지적하며, 두 세계관의 충돌을 설명한다.

16. 복음은 죄와 회개, 하나님의 은혜를 통한 예배 중심 회복을 강조하며, 진정한 치유의 방향성을 제시한다.
17. 대중 심리학은 인간을 상처 입은 존재로 보며 초월자 부재와 자기 중심적 회복을 전제로 한다.
18. 복음은 하나님 중심, 심리학은 인간 중심이라는 세계관의 근본적 차이를 예배에서 드러나는 양상과 함께 설명한다.
19. 심리학적 세계관이 교회 메시지를 대체하며 위로 중심 예배로 전락하는 문제를 경고한다.
20. 교회는 다시 복음으로 돌아가야 하며, 죄와 회개, 하나님의 은혜에 기반한 예배가 회복되어야 함을 촉구한다.

8장

1. 마태복음 6:24에서 예수께서 말한 '재물'은 헬라어로 '마모나스'($\mu\alpha\mu\omega\nu\tilde{\alpha}\varsigma$)이며, 인격화된 물질의 신 개념으로 중세 이후 맘몬(Mammon)이라는 명칭으로 굳어졌다.
2. 프랜시스 쉐퍼는 미디어가 현대 사회의 윤리 기준을 형성하며, 대중문화 자체가 신앙적 기능을 대체하고 있다고 경고했다. 참조: 프랜시스 쉐퍼, 《그리스도인은 왜 위대한 예술가가 되어야 하는가》.
3. 현대 예능 프로그램은 '일상의 신화화'를 통해 현실을 왜곡된 이상으로 포장하며, 소비 욕망을 자극한다. 이는 단지 연예인 소개가 아니라 신화적 이상형을 주입하는 기능을 수행한다.
4. 미디어 소비는 시간, 관심, 감정, 자원을 바치게 하는 구조를 가지며, 이는 고대 종교적 제사 구조와 유사한 예배 형태로 작동한다. 이에 대한 분석은 아브라함

카이퍼의 문화 변증 사상에도 나타난다.

5. 유명 연예인의 소비생활을 중심으로 구성된 콘텐츠는 단순한 오락을 넘어 하나의 문화적 이상향을 구성한다. 이들은 대중에게 '바라봐야 할 삶', '성공한 자의 전형'을 제시하며, 소비를 통해 자기 정체성을 확보하게 만든다.
6. 인간은 결국 자신이 가장 많은 시간을 바치고 희생하는 대상을 예배하게 되어 있다. 이는 개혁주의 신학자들이 반복적으로 강조한 '인간은 본질적으로 예배자'라는 신학적 전제에 근거한다. 참조: 존 프레임, 《예배, 그 영광과 질서》.
7. 아브라함 카이퍼는 문화 속에 내재된 종교적 동기를 분석하며, 고대 신화가 세속 문화의 뿌리로 여전히 작동하고 있다고 주장했다. 소비문화 역시 이러한 신화적 구조 위에서 인간의 욕망을 정당화한다.
8. '맘몬'은 신약에서 예수께서 인격화하여 언급하신 유일한 물질적 우상으로, 초대교회 신학자들 역시 이를 단순한 돈이 아닌 '영적 권세'로 해석하였다. 맘몬 숭배는 곧 하나님 주권에 대한 도전으로 이해되었다.
9. 프랜시스 쉐퍼는 현대인의 문화와 신앙 사이의 충돌을 분석하며, 고대 우상이 이름만 바뀐 채 오늘날 다시 등장했다고 보았다. 그는 "사람은 반드시 무언가를 예배한다. 그것이 하나님이 아니면, 결국 스스로 만들어낸 신일 뿐이다."라고 말하며, 현대의 물질주의와 소비문화 안에도 우상숭배적 구조가 내재해 있다고 경고했다. 참조: 프랜시스 쉐퍼, 《무너진 세계를 향한 하나님의 대답》.
10. 프랜시스 쉐퍼는 현대 문화가 기독교적 사고를 밀어내고, 오히려 신앙을 해석하고 대체하려는 흐름을 경고했다. 그는 "문화는 단순한 배경이 아니라, 신학의 틀을 형성하려는 도전."이라고 말했다. 참조: 프랜시스 쉐퍼, 《그러면 우리는 어떻게 살 것인가》.
11. 제임스 K. A. 스미스는 문화적 반복과 상상력이 인간의 욕망을 형성하며, 이

는 신앙과 세계관 전체에 영향을 미친다고 분석했다. 참조: 제임스 K. A. 스미스, 《누구나 무엇인가를 예배한다》.
12. 기복주의 신앙은 복음의 핵심인 죄와 회개, 하나님의 주권을 흐리고 인간의 욕망을 정당화하는 신학적 왜곡이다. 이는 '문화적 기대'를 '신학적 언어'로 포장하는 방식으로 작동한다.
13. 예배의 감각화는 인간 중심적 예배 구조의 특징이며, 이는 하나님께 집중된 경배가 아니라 '예배자의 만족'을 목표로 하는 소비적 형태로 전락할 수 있다. 이는 미국 내 일부 메가처치의 구조에서 두드러지게 나타난다.
14. 현대 미디어는 단순한 기술이 아니라 특정 가치와 세계관을 전달하는 예배적 도구로 기능한다. 이는 소비문화, 자아숭배, 성공 중심 사고를 신성화하는 맘몬 종교의 성전 역할을 한다.
15. 복음은 문화의 일부가 아니라 그것을 변혁시키는 진리이며, 오직 복음을 통해 우상과 거짓 세계관이 무너질 수 있다. 교회는 문화에 편승하는 것이 아니라, 문화를 거슬러 하나님의 나라를 선포해야 한다.

9장

1. 고대 신화에서 인간과 짐승의 결합은 인간의 한계를 초월하거나 신성과의 접촉을 상징하는 수단으로 사용되었다. 이는 성경의 인간관과 근본적으로 충돌하는 세계관이다.
2. 바알의 황소 상징은 고대 근동 전역에서 널리 퍼져 있었으며, 이는 곧 풍요, 권력, 남성성과 연결되었다. 출애굽기에서 이스라엘 백성이 만든 금송아지도 같은 신화적 상상력의 산물이다.
3. 현대 문화에서 애완동물에 대한 사랑이 과도해지면서, 인간과 동물의 경계가

무너지는 사례가 빈번해지고 있다. 이는 단순한 정서적 애착을 넘어, 존재론적 혼동으로 이어질 수 있다.

4. 프랜시스 쉐퍼는 기독교가 진리를 상실하면 곧 문화에 흡수되고, 그 문화는 결국 우상을 숭배하게 만든다고 경고했다. 참조: 프랜시스 쉐퍼, 《그러면 우리는 어떻게 살 것인가》.

5. 홍콩의 한 복음주의 교회에서 실제로 반려견을 위한 장례 예배가 공식적으로 치러졌으며, 찬송과 기도, 추도사가 포함되었다. 이는 아시아권 개신교 내에서도 반려동물 예배의 문화가 확산되고 있음을 보여준다.

6. 성경은 하나님이 인간만을 하나님의 형상대로 창조하셨다고 명확히 말하며(창 1:27), 동물은 인간에게 맡겨진 피조물로 구별된다. 구원의 언약은 오직 인간에게만 적용된다.

7. 전도서 3:21은 인간과 짐승의 영적 운명을 구별하는 중요한 구절로서, 인간은 위를 향하고 짐승은 아래를 향한다는 상징적 언어로 창조 질서를 표현한다.

8. 교회 건물과 예배당은 하나님의 언약 백성을 위한 신학적 공간으로, 창조 질서와 구속사의 관점에서 보아야 한다. 피조물 전반을 위한 공공장소로의 전환은 신학적 해체다.

9. 반려동물의 죽음에 부활과 천국의 소망을 연관 짓는 언어는 정서적으로 위로가 될 수 있으나, 성경이 계시한 구속 언약의 범위를 넘어서는 것으로 신학적 오류를 낳을 수 있다.

10. 국내 통계에 따르면, 2023년 기준 출산율은 0.72명으로 역대 최저치를 기록한 반면, 반려동물 양육 가구는 전체 가구의 31%를 넘겼다. 특히 1인 가구와 맞벌이 부부 사이에서 반려동물을 자녀처럼 돌보는 경향이 확산되고 있다.

11. 일부 교회는 실제로 예배당에 반려동물 동반 입장을 허용하고 있으며, 반려동

물을 위한 축복식이나 헌신 예배를 시도하고 있다. 이는 성소의 목적과 언약 공동체의 정체성을 흐릴 수 있다는 신학적 비판을 받고 있다.
12. 가정을 통한 신앙 전수와 언약 공동체의 복원이 사라질 때, 교회는 더 이상 하나님의 나라를 확장하는 장이 아니라 정서적 치료와 위로에 머무르는 종교 공간으로 변질된다.
13. "자신의 행복을 우선하라."는 주제는 수많은 드라마, 웹툰, 광고에서 반복되며 이혼을 개인의 자기실현과 동일시하는 문화적 흐름을 만들어냈다. 이는 결혼을 계약적 관계로 전락시키는 서사 구조다.
14. 미국심리학회 및 한국심리학회의 여러 연구들은, 부모의 이혼을 경험한 자녀들이 성인기에 정체감 혼란, 애착 문제, 낮은 자존감을 경험할 가능성이 높다고 분석했다. 정서적 안정감의 근원은 결국 안정된 가정에서 비롯됨을 시사한다.

10장

1. 고대 신화 속 동성애 서사는 단순한 성적 향락이 아니라, 사랑과 예술, 감성의 고귀함을 강조하는 방식으로 종종 미화되어 전승되었다. 이는 현대 문화 속 성소수자 정체성과 결합하여 상징적 의미로 재해석되고 있다.
2. '카산드라 콤플렉스'는 정신분석학자 가스토네 브란카티 등이 언급한 심리학적 개념으로, 특히 경고와 비판이 반복적으로 무시되는 여성의 목소리를 조명하는 현대 페미니즘 담론과 연결된다.
3. 아폴론과 히아킨토스의 이야기는 플루타르코스, 오비디우스 등의 고대 문헌에서 동성 간 사랑의 비극적 서사로 기록되었으며, 이는 근대 이후 미술과 문학 속에서 '고결한 비극적 사랑'의 코드로 재활용되었다.
4. 이러한 해석은 20세기 이후 자유주의 신학자들에 의해 시도되었으며, 대표적으

로 루이스 크롬박(Louis Crompton) 같은 인물들이 다윗과 요나단의 관계를 동성애적 사랑으로 보는 견해를 주장한 바 있다.

5. 프랜시스 쉐퍼는 "문화는 신학 없는 신화를 만들고, 신화는 윤리 없는 도덕을 만든다."고 말하며, 현대 문화 속 신화적 정당화가 도덕 질서를 붕괴시키는 위험성을 지적했다.
6. 현대 심리학은 자아 정체성 탐색을 감정 중심으로 재구성하는 경향이 있으며, 이는 객관적 윤리 기준보다 감정적 수용과 공감을 우선시하는 문화적 흐름과 결합되어 신화적 세계관을 강화하는 데 기여한다.
7. 〈Call Me by Your Name〉(2017) 영화는 동성애를 감성적으로 묘사하며 대중 인식에 미친 영향에 대한 연구 및 비평 참고.
8. 고레에다 히로카즈, 〈어느 가족〉(2018) 영화 분석과 전통적 가족 개념 해체에 관한 문화적 논의.
9. 〈구르미 그린 달빛〉(2016), 〈녹두꽃〉(2019) 드라마 내 남장·여장 캐릭터와 젠더 이데올로기 확산 관련 연구.
10. 넷플릭스 시리즈 〈오렌지 이즈 더 뉴 블랙〉(2013-2019), 〈POSE〉(2018-2021) 에서의 성소수자 표현 및 사회적 영향 분석.
11. K-팝 아이돌 문화 속 젠더 표현과 대중문화 매개체로서의 역할 관련 연구.
12. 현대 기업의 젠더 이슈 활용 마케팅 사례 및 문화 신화화에 관한 분석.
13. 교회의 젠더 혼란에 대한 신학적 대응과 영적 분별력 강조에 관한 신학적 논의.
14. 젠더 플루이드, 논바이너리 등 새로운 성별 표현에 관한 할리우드 및 글로벌 미디어의 역할 분석.
15. 대기업 마케팅 속 젠더 이슈 신화화 현상과 사회적 영향 연구.
16. 교회의 젠더 문제에 대한 신학적 교육과 영적 분별력 책임에 관한 신학적 고찰.

17. 바울 서신과 헬레니즘 문화권의 영적·철학적 배경에 관한 신학 연구.
18. 고대 헬레니즘 신화와 우상 숭배의 사회적·문화적 역할.
19. 에베소 아르테미스 신전 사건 및 고대 도시의 도덕적 혼란에 대한 사도행전 및 역사적 고찰.
20. 바울의 신앙 고백과 육체와 영혼에 대한 교훈(고전 1:23, 롬 12:1, 요일 2:16).
21. 바울의 사역과 고난, 그리고 영적 전쟁의 실제(갈 1:10).
22. 현대 문화 속 넷플릭스 드라마와 젠더 이데올로기 관련 신학적 비판.

11장

1. 신화는 단지 고대 종교의 잔재가 아니라, 인간 존재의 의미와 세상 질서를 해석하려는 시도로서 반복적으로 문화 속에 재현되어 왔다. 프랜시스 쉐퍼는 이를 "문화 속 신들의 재현"이라 부르며, 세속 세계관이 반복적으로 신화를 소환한다고 분석했다. Francis A. Schaeffer, How Should We Then Live?, Crossway, 2005.
2. 현대 문화가 제시하는 '신앙 체계'는 종교적 용어를 쓰지 않더라도 기능적으로 종교와 같은 역할을 수행한다. 신화적 영상미디어는 초월자 없이도 '구원 서사'를 제공한다는 점에서 문화신학적 접근이 요구된다.
3. 영상미디어의 영향력은 단지 오락을 넘어, 인간의 가치관과 정체성 형성에 깊은 영향을 미친다. 이는 예배, 공동체, 영성의 패러다임을 뒤흔들 수 있다. Craig Detweiler, Into the Dark: Seeing the Sacred in the Top Films of the 21st Century, Baker Academic, 2008.
4. 정체성 탐색의 서사 구조는 구원 내러티브와 닮아 있으며, 자아 발견을 통해 해방과 회복을 추구한다. 그러나 이러한 내러티브는 죄와 심판, 회개를 제거한 자

기구원론에 머물기 쉽다.

Kevin Vanhoozer, Everyday Theology: How to Read Cultural Texts and Interpret Trends, Baker Academic, 2007.

5. 문화 속 '신화의 복귀'는 자기중심적 감정, 도덕적 상대주의, 인간의 내적 위로를 우선하는 세속적 신앙 구조를 형성한다. 이는 루터와 칼빈이 경계한 '마음의 우상' 개념과도 맞닿아 있다.

6. 예배가 본질을 상실하고, 문화와 혼합될 때, 그 능력은 사라진다. 존 프레임은 예배의 본질은 "하나님을 높이며, 진리 안에서 그분과 교제하는 것"이라고 말한다. John Frame, Worship in Spirit and Truth, P&R Publishing, 1996.

7. 복음은 단지 교리의 집합이 아니라, 하나의 구속사적 내러티브이며, 이는 성경 전체를 통해 증거된다. 예수 그리스도의 삶과 죽음, 부활은 그 이야기의 절정이다. Edmund P. Clowney, Preaching and Biblical Theology, P&R Publishing, 2002.

8. "자기 방식대로 믿는 신앙"은 현대 문화가 만든 허상이다. 하나님은 인간이 선택하는 존재가 아니라, 스스로 계시된 분이며, 그분의 방식으로만 참된 신앙이 가능하다. Cornelius Van Til, The Defense of the Faith, P&R Publishing, 1972.

9. 세대 간 단절은 단순한 문화적 현상이 아니라, 복음의 전달 구조가 무너졌다는 징후이다. 교회는 다음 세대를 복음 안에서 훈련하고, 문화를 분별하는 안목을 길러주어야 한다. David Kinnaman, You Lost Me: Why Young Christians Are Leaving Church… and Rethinking Faith, Baker Books, 2011.

10. 감성과 공감이 진리를 대체할 수 있다는 관점은 성경적 신앙과 충돌한다. 감정은 진리의 열매이지, 기준이 아니다. John MacArthur, Truth War, Thomas Nelson, 2007.

11. 자기 구원 사상은 복음의 본질인 "오직 은혜"를 부정하는 것으로, 죄와 회개 없는 위안은 거짓 복음이다. Michael Horton, Christless Christianity, Baker Books, 2008.

12. 도덕적 상대주의는 모든 것을 허용하는 듯 보이지만, 결국 죄의 실재를 부정하고 회개의 문을 닫는다. R. C. Sproul, Everyone's a Theologian, Reformation Trust, 2014.

13. 젠더 이데올로기는 창조 질서와 성경적 인간관에 반하는 세계관으로, 하나님의 통치를 거부하는 반문화적 운동이다. Nancy R. Pearcey, Love Thy Body, Baker Books, 2018.

14. 성경은 모든 판단의 기준이며, 특정 인물이나 철학이 아닌 하나님의 말씀만이 진리의 근거가 될 수 있다. Cornelius Van Til, Christian Apologetics, P&R Publishing, 1976.

15. 문화 리터러시는 단순한 배척이 아니라, 복음적 세계관으로 세속 문화를 읽고 해석하는 지적 분별력이다. Kevin Vanhoozer, Everyday Theology, Baker Academic, 2007.

16. 미디어에 나타난 인간의 갈망은 복음이 겨냥하는 본질적 공허이며, 교회는 그 갈망에 참된 해답을 제시해야 한다. Tim Keller, Preaching: Communicating Faith in an Age of Skepticism, Viking, 2015.

12장

1. 현대 사회는 종교적 공백을 오컬트, 심리학, 자아 숭배로 대체해가며, 본질적으로 새로운 우상숭배 형태를 만들어내고 있다. Carl Trueman, The Rise and Triumph of the Modern Self, Crossway, 2020.

2. 신비주의와 영지주의는 고대 이단으로, 감춰진 지식과 개인 내면의 신적 요소를 강조하며 복음의 객관적 진리를 왜곡했다. Douglas Groothuis, Confronting the New Age, IVP, 1988.
3. 현대 심리학은 종종 인간 중심적 자아 구원을 내세우며, 죄와 은혜의 성경적 패러다임과 충돌한다.
Paul Vitz, Psychology as Religion: The Cult of Self-Worship, Eerdmans, 1994.
4. '긍정의 힘'이나 '내면의 신성'은 뉴에이지와 자기계발 담론에서 비롯된 개념으로, 복음의 회개와 십자가를 대체하려는 사상이다. John MacArthur, Our Sufficiency in Christ, Crossway, 1998.
5. 미디어는 영적 메시지를 담은 이야기 구조를 통해, 종종 무비판적으로 대중의 세계관을 형성한다.
Brian Godawa, Hollywood Worldviews, IVP, 2002.
6. 영적 리터러시는 단순한 지식이 아니라, 세속 문화 속의 세계관과 영적 메시지를 분별할 수 있는 성경적 안목이다. Kevin Vanhoozer, Everyday Theology, Baker Academic, 2007.
7. 진리 안에 거하는 훈련은 단순한 윤리교육이 아니라, 삶 전체를 성경적 세계관으로 재형성하는 지속적 훈련이다. James K. A. Smith, You Are What You Love, Brazos Press, 2016.
8. 현대 영화는 신화를 단순한 배경 설정이 아닌, 존재론적 갈등과 영적 진리 탐색의 틀로 활용한다.
Brian Godawa, Hollywood Worldviews, IVP, 2002.
9. 고대 제의적 상징과 영적 대결의 서사는 종종 오컬트와 신화의 내러티브를 빌려 기독교적 메시지를 대체하거나 왜곡한다. Peter Jones, The Other

Worldview, Kirkdale Press, 2015.

10. 영화 속 주술적 도구의 반복은 기독교 영적 권세를 비과학적 미신이나 신비주의로 축소시키는 결과를 낳는다. John MacArthur, How to Meet the Enemy, Victor Books, 1992.

11. '자기희생'이 대속의 은혜를 대신할 수 없으며, 인간이 스스로 구원하거나 악령을 이길 수 있다는 서사는 복음의 핵심을 왜곡한다. Paul Washer, "The Gospel of Jesus Christ," HeartCry Missionary Society, 2008.

12. 공포 영화는 종종 무의식 속 구속받지 않은 정의감과 구원 욕구를 자극하여, 왜곡된 방식으로 해결하려는 충동을 이야기화한다. Carl Jung, Man and His Symbols, Dell Publishing, 1968.

13. 신비주의적 요소가 섞인 내러티브는 복음적 진리와 혼합될 때 신자들에게 혼란을 초래하며, 영적 분별력을 약화시킨다. Francis Schaeffer, The God Who Is There, IVP, 1968.

14. 칼 융은 분석심리학에서 무의식을 단순한 정신 작용이 아닌 '집단적 무의식'이라 하여 고대 신화와 종교의 상징 체계를 통해 해석했다.
Carl Jung, Archetypes and the Collective Unconscious, Princeton University Press, 1969.

15. 융의 심리학은 영적 체험과 신화적 상징을 결합하면서, 전통 종교의 구원 메시지를 대체하는 신비주의적 내러티브를 형성했다.
Richard Noll, The Jung Cult, Princeton University Press, 1994.

16. MBTI나 융 심리학의 자기 탐구 방식은 자아 중심적 구원관을 조장할 수 있으며, 이는 은혜 중심의 복음과 충돌한다.
David Powlison, "Psychology and the Bible," The Journal of Biblical

Counseling, Vol. 12, 1994.

17. 심리학 도구는 복음의 틀 안에서 분별 있게 사용할 수 있으나, 신비주의적 왜곡을 경계하지 않으면 비성경적 요소가 교회 안에 침투할 수 있다.
John MacArthur, Our Sufficiency in Christ, Word Publishing, 1991.

18. 칼 융은 《무의식의 구조》(The Structure of the Unconscious)에서 고대 신화와 상징이 무의식 속 '원형(archetype)'의 발현임을 주장하였다. 이는 점성술, 타로 등과도 연결되어 심리학적 자기 해석의 도구로 기능하게 되었다.
Carl G. Jung, "The Archetypes and the Collective Unconscious", Princeton University Press, 1969.

19. 윌 헌팅의 내면 여정은 조셉 캠벨의 '영웅의 여정' 서사와 유사하며, 고통을 통한 자기 초월이라는 신화적 구원 구조를 반영한다. Joseph Campbell, The Hero with a Thousand Faces, New World Library, 2008.

20. 융의 개성화(individuation)는 자아와 무의식의 통합 과정을 통해 '온전한 자아'를 찾는 여정으로, 현대 심리치유 서사의 기초가 되었다. Carl G. Jung, Memories, Dreams, Reflections, Vintage Books, 1989.

21. 심리학이 강조하는 자기 구원과 내면 치유는 복음의 은혜와 회개 중심의 구원과 본질적으로 다르며, 이를 무비판적으로 수용할 경우 신학적 왜곡을 초래할 수 있다.
David Wells, Losing Our Virtue: Why the Church Must Recover Its Moral Vision, Eerdmans, 1998.

13장

1. 콘스탄티누스 황제의 종교통합과 오늘날 문화 속 신화적 통합에 대한 역사신학

적 연구 참조.

2. 젠더 이데올로기와 오컬트가 교회 복음 순수성에 미치는 영향, 개혁주의 신학 관점.

3. 복음의 능력과 거룩한 분별의 중요성, 존 프레임,《복음과 문화》.

4. 성경적 예배 이해, 롭 벨,《예배의 본질》.

5. 오직 다섯 가지 복음 원칙(Solas)과 혼합주의에 대한 신학적 견해, 존 맥아더.

6. 존 맥아더,《예배》, 복음의 능력과 회개의 필수성 강조.

7. 회개의 중요성과 복음적 회복, 개혁파 신학자 다니엘 파이퍼.

8. 렘 44:17 및 당대 종교혼합주의 비판, 신학적 주석.

9. 예배의 외형과 본질, 존 프레임.

10. 성경적 예배의 본질, 프랜시스 쉐퍼.

11. 하나님이 찾으시는 예배자에 대한 신학적 교훈, 조나단 에드워즈.

12. 오직 믿음과 은혜, 그리스도 중심 구원론, 존 맥아더.

바벨, 신들의 귀환

ⓒ 최윤숙, 2025

초판 1쇄 발행 2025년 11월 10일

지은이	최윤숙
펴낸이	이기봉
편집	좋은땅 편집팀
펴낸곳	도서출판 좋은땅
주소	서울특별시 마포구 양화로12길 26 지월드빌딩 (서교동 395-7)
전화	02)374-8616~7
팩스	02)374-8614
이메일	gworldbook@naver.com
홈페이지	www.g-world.co.kr

ISBN 979-11-388-4858-9 (03230)

- 가격은 뒤표지에 있습니다.
- 이 책은 저작권법에 의하여 보호를 받는 저작물이므로 무단 전재와 복제를 금합니다.
- 파본은 구입하신 서점에서 교환해 드립니다.